대한민국의 미래를 위한
새로운 교육 전략

나는
자유학교에
간다

김 재 헌 지음

대경북스

나는 자유학교에 간다

1판 1쇄 인쇄 2023년 11월 20일
1판 1쇄 발행 2023년 11월 25일

지은이 김재헌

발행인 김영대
펴낸 곳 대경북스
등록번호 제 1-1003호
주소 서울시 강동구 천중로42길 45(길동 379-15) 2F
전화 (02) 485-1988, 485-2586~87
팩스 (02) 485-1488
홈페이지 http://www.dkbooks.co.kr
e-mail dkbooks@chol.com

ISBN 979-11-7168-008-5 03370

[prologue]

4차 산업혁명 시대, 갇힌 학교문을 열라

잘 산다는 것의 의미는 무엇인가? 아무리 생각해 보아도 우리는 지금 잘 살고 있지는 않은 것 같다. 행복하지가 않다는 이야기다. 어디서 잘못되었을까? 인생에서 가장 중요한 시기인 학교에 다닐 때 이미 모든 행복을 빼앗겨버리기 때문이 아닌가 한다. 추억과 행복의 저장소요, 원동력이 되어야 할 학창 시절에 행복을 만끽하지 못했기 때문에 일평생 우리는 우울하고 불행한 나날을 살아야 하는 것이 아닐까? 적어도 80년대 이전의 우리들에겐 학창 시절의 추억이 있다. 그런데 요즘 아이들에게 학창 시절은 학원과 과외의 추억뿐이다.

우리는 그동안 '잘살아 보기' 위해 허리띠를 졸라맸다. 그리고 어떤 분의 글 제목처럼 '미꾸라지에서 용이 된 나라'를 이룩했다. 5천년 이 땅의 역사 이래 처음으로 물질적 가난을 벗었다. 무역 규모로 보았을 때 세계 10위권 안에 진입한 지 오래다. 하지만 우리나라의 행복지수는 부끄러운 수준이다. 지금 우리가 비교하여 배우기를 원하는 덴마크는 유엔 행복지수 조사에서 2012년, 2013년 연속으로 1위에 올랐다. 또 부정부패 지수는 세계에서 가장 낮다. 뿐만 아니라 언론 자유도도 가장 높은 나라에 속한다. 수도 코펜하겐은 해가 온전히 뜨는 날이 1년에 50일뿐이다. 그러나 이 작은 나라가 세계에서 가장 살기 좋은 나라로 꼽혔다.

역사를 되짚어 보면 덴마크가 처음부터 살기 좋은 나라였던 것은 아닌 듯하다. 1814년 전쟁에 패해 지금의 노르웨이 땅을 잃었고, 1864년에는 독일에 국토의 3분의 1을 빼앗겼다. 남은 것은 잡초가 무성한 황무지였다. 그런 덴마크를 재건하는 데 가장 중요한 초석을 놓은 사람이 니콜라이 그룬트비 목사(1783~1872)였다.

어떻게 해서 그룬트비 목사가 피폐해진 조국 덴마크를 일으켜 세웠는지, 그 근원이 어디에서 나왔는지 다 알 수는 없지만, 오늘날 이루어낸 업적들을 살펴보면 짐작은 된다. 그것을 거울삼으려 한다. 거기에서 우리의 피폐해진 교육 현실과 해결책을 찾아보고자 한다.

교육은 문제를 타파하는 만능이다. 하지만 교육은 또한 한 나라를 망치는 무능의 원천일 수도 있다. 인류의 역사 속에 학교가 있기 전에도 교육이 있었음을, 교육이 있기 전에도 행복이 있었음을 주지할 필요는 분명히 있다. 즉 학교가 없었어도, 수업이 없었어도 교육은 이루어져왔다. 학교 건물이 없어도 교육은 할 수 있었다. 학교가 만능이 된 순간 역설적이게도 학교는 사라졌다.

누군가 말하기를 학교와 똑같이 생긴 곳이 교도소라고 했다. 곱씹어

보니 100%로 공감이 된다. 높은 담장, 쇠로 된 철문, 운동장을 중심으로 ㄱ자로 세워진 건물! 50분 수업과 10분의 휴식, 일정 기간 이상 갇혀 있어야 하는 공간, 단지 집으로 가는 시간만 빼면, 배급과 급식의 차이지만 식사 방법도 똑 같다.

숲에서 하는 숲속 학교, 바다에서 하는 바다 학교, 강에서 열수 있는 강변 학교는 세울 수 없을까? 또 겨울이면 스키장으로 온천장으로 옮겨가는 학교, 비행기에서 아님 바다의 유람선 안에서 열리는 이동식 학교는 힘들까? 온세상이 배움터인데, 꼭 교과서로 배우고 시험을 치는 것만이 실력의 전부일까?

자유로운 학교! 학교 설립이 자유롭고 학교 선택이 자유로운, 더 나아가 교육 방법이 자유로운 학교를 나는 원한다. 왜냐하면 내 인생의 8할은 거리에서, 시장에서, 그리고 현장에서 얻어졌기 때문이다.

이 책이 누군가의 가슴을 울리고, 누군가의 마음을 움직인다면 드디어 학교의 설립을 자유화하고, 학교 선택을 자유화하는 법안이 만들어지고 통과될 것이다. 그날을 꿈꾸며 나는 오늘 자유로운 상상을 종이 위에 펼친다. 자유학교여! 오늘 뿌리는 이 씨가 싹을 내어라. 머잖은 장래에 꽃을 피워라. 우분투!

2023년 제헌절을 맞아

contents

제2부 마을이 학교다

제3부 자유학교법

부 록

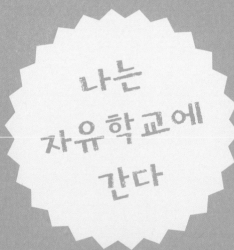

나는
자유학교에
간다

제1부

교육의 4차 혁명이 필요하다

교육의 목표는 행복이다

학교가 재밌다

나는 세종시에 살고 있다. 세종시는 모든 도시가 녹색이다. 나는 그것이 참좋다. 아직 심어 놓은지 5년 정도밖에 되지 않았지만 거리 곳곳은 나무와 식물들로 가득하다. 곧 국립수목원도 완공된다. 대통령기록관과 국립도서관이 있는 호수공원은 왠만한 댐보다 크다. 나는 방금 우리 학교에서 아침 조회와 간단한 교장선생님의 훈시를 듣고 담임 선생님의 수업 설명에 따라 친구 두 명과 호수공원으로 나왔다. 학교가 있는 대평동에서 걸어서 약 2km이고, 시간상으로는 30분 거리이다.

우리 학교는 모든 것이 자유롭다. 이름하여 세종국제자유학교이다. 희망과 미래와 젊음을 상징하는 블루가 금강의 푸른물빛과 어울려 참 마음에 든다. 물론 우리 학교는 비인가 학교이다. 아직은 말이다. 대안학교이지만 우리 이사장님은 자유학교라고 부르라고 한다. 이유는 단 한 가지, 학교의 설립과 운영과 선택이 자유로워야 독창적인 학생들을 길러낼 수 있다고 생각하셨기 때문이다.

우리 학교의 일과는 다른 공립이나 사립학교, 심지어 대안학교와 많이 다르다. 우리는 오전 5시 30분이면 다 기상해야 한다. 금강변이 한눈에 내려다보이는 6층 채플실에서 하루를 시작하면서 경건의 시간을 가진다. 철저하게 개인적인 묵상과 기도의 시간을 가진 다음 7층에 있는 뷔페식 식당에서 식사를 한 뒤, 아침 조회를 한다. 8시에 시작된 조회는 30분이면 끝이 나고, 이윽고 학년 혹은 반별로 다시 모임을 갖는다.

우리는 평균 하루에 한 부문만 공부한다. 오늘의 주제 공부는 사회와 역사이다. 40여 명 되는 우리 학생들은 3명씩 조를 이룬다. 그리고 주제에 따른 책임 분담을 한다. 사회 부분 중 우리나라의 정부조직에 대해서는 11학년부터 12학년이, 정부의 각 부처 역할에 대해서는 9학년부터 10학년이, 그리고 나머지 1학년부터 8학년까지는 정부청사를 방문하여 관찰하기로 하였다.

학생들을 전체적으로 인솔하는 것은 각반 담임 선생님이고, 조별 인솔은 11학년과 12학년 고학년 선배들이 한다. 대평동에서 호수공원과 정부 청사가 있는 어진동으로 가려면 금남교를 건너가야 한다. 금남교는 우리나라 최초의 근대식 교량이다, 흔히 국도 1호선이라고 부른다. 경부고속도로 탓에 1번국도가 부산에서 서울로 가는 국도인 줄 아는 사람들이 많다. 하지만 지난 번 수업에서 우리나의 도로를 알아보던 중에 1번국도는 목포에서 시작하여 대전→세종을 거쳐 천안→서울로 이어져 개성→평양을 거쳐 신의주까지 이어진 도로라는 것을 알게 되었다. 1번국도란 말 그대로 우리나라의 최초의 국도이다.

최초로 만들어진 이유 중 하나는 일제강점기에 일본의 정책에 의해 만들어진 산업도로였기 때문이라고 한다. 우리나라는 예로부터 서해안이 곡창 지대였는데, 만성적인 쌀 부족에 허덕이던 일본은 한국에서 대량의 쌀을 공출해야 했다. 이를 위해 곡창 지대 곳곳을 지나가는 철로를 만들고, 또 도로를 만들었던 것이다.

좀더 역사를 거슬러 올라가니 1번국도의 주요 구간은 이미 조선시대부터 있던 도로라는 것도 알게 되었다. 서울에서 수원까지의 구간은 조선 정조 시기 놓인 시흥대로, 경수대로와 겹친다. 또 서울에서 의주까지 이어지던 의주로는 중국과 사신 왕래를 할 때 사용하던 중요한 국가 도로였다. 그래서 의주로는 책문을 넘어 베이징 까지 이어지기에 연행로라고도 하였다.

이때 만들어진 도로를 신작로라고 불렀는데, 여기에는 두 가지 의 의미가 있었다. 새로 만든 도로라는 뜻도 있었지만, 우리나라 최 초의 직선 단거리 도로라는 뜻도 들어 있었던 것이다. 현재 1번국 도는 임진각에서 멈추고 있다. 아마 통일이 되면 다시 신의주까지 연결될 것이다.

세종특별자치시는 옛날 조치원읍 금남면을 중심으로 건설되었 는데, 옛 금남면의 명칭을 따라 다리 이름을 금남교라 하였다. 4차 선 다리인데, 우리 학교에서는 어느 면에서 보더라도 다리가 보인 다. 얼마 전 다리 양 난간을 늘이는 확장공사를 하여 약 4m의 보행 자 도로가 자전거 도로와 함께 생겨, 안전하게 다리를 건널 수 있게 되었다.

우리는 거의 대부분 수업을 이 다리를 건너가 약 20분 정도 걸 어 국립도서관에서 한다. 어마어마한 규모의 도서관에 소장한 책만 해도 몇 백만 권에 이른다. 아침에 주제가 주어지면 조별로 나누어 걸어 이 도서관에 온다. 도서관에서 그날의 수업 주제에 따른 책을 찾아 정독을 하는데, 책 몇 권을 읽고 나면 하루가 금방 지나간다.

그러다가 점심 시간이 되면 호수공원 야외 공연장에 삼삼오오 모여 앉는다. 정확하게 12시면 학교 부설 뷔페식당으로부터 도시락이 도착한다.

아직 따끈따끈한 밥과 국, 그리고 계절의 특성을 살린 각종 야채 샐러드, 그날의 주제에 따른 요리가 한가득 도시락에 담겨 온다. 선배들의 말에 따르면 세종국제자유학교의 가장 큰 낭만은 도시락수업이라고 한다.

해마다 입학철이 되면 선배들이 와서 지나간 학창 시절을 이야기 해준다. 그중에 빠지지 않고 등장하는 것이 도시락수업 이야기이다. 한 마디로 말해 우리 학교는 세종시 전체이고, 한 마을을 뛰어넘어 온도시의 학교이다.

점심을 먹고 나면 다시 주제에 따른 연구를 하기 위해 독서와 자료수집에 열중한다. 대학을 다니는 선배들의 말에 따르면, 이렇게 하는 것은 거의 대학원생들이 공부하는 방법이라고 한다. 이렇게 스스로 연구하는 방법을 터득하면 나중 대학이나 대학원에 가서 공부하고 연구할 때 아주 도움이 된다고 하였다.

현장에서 배우는 자유

나는 초등학교 3학년까지는 일반 공립학교에 다녔다. 하지만 어느덧 3년이 지나면서 나는 7학년 중학생이 되었는데, 우리 학교의 시스템이나 운영 방법이 참 마음에 든다. 왜냐면 공부가 일단 지겹지가 않기 때문이다. 모든 수업은 현장을 찾아가서 하는 체험형 수업이다. 세상에서 가장 재미없는 책인 교과서에서 억지로 배우던 시기에는 솔직히 졸릴 때가 많았다. 하지만 우리 자유학교는 모든 게 자유이고, 모든 것이 자율이다. 정해진 규칙이 없다는 것이다. 물론 가장 큰 틀은 정해져 있지만. 목표까지 가는 길이 많다는 것을 수업을 통해서도 배우는 것이다.

오늘의 주제를 따라 우리는 조별로 정부청사의 가장 끝자락에 있는 국무총리실로 갔다. 사전에 방문 신청을 해놓았기 때문에 우리는 국무총리실 직원들의 안내를 받아 4층에 있는 회의실로 일단 들어갔다. 마침 그날은 서울에 상주하시는 국무총리께서 세종청사에서 집무를 하시는 날이라고 한다. 어쩌면 잠시 나와서 우리에게 인사를 하실지도 모른다고 귀뜸을 해주었다. TV에서 보던 국무총리님을 직접 볼 수 있다니 마음이 두근두근했다. 어쩌면 다음에 대통령제에 대해 배우면 대통령님도 만날 수 있겠구나 하는 생각이 들었다.

이윽고 국무총리 비서관이라는 분이 오셔서 간략하게 우리나라의 정치 제도에 대해서 설명하시며 국무총리에 대해 설명해 주셨다. 국무총리는 원래 의원내각제가 있는 나라에서 채택하는 국가 고위직인데, 우리나라는 부통령제 대신, 국무총리가 부통령 역할을 하는 것이라고 하였다. 나는 의원내각제라는 말을 듣기는 했지만, 정확이 이해를 못하고 있었기에 반은 알아듣고 반은 알아들을 수 없었다. '오늘밤 기숙사에서 의원내각제가 무엇인지 알아보아야겠다'라고 속으로 생각하며 마지막까지 경청했다. 이윽고 국무총리실에 속해 있는 각 기관들을 방문했다. 국무총리실 밑에는 생각보다 많은 기관들이 있었다. 정말 이렇게나 많은 기관들이 있을까 싶을 정도로 다양한 직속 기관과 부속 기관들이 있었다.

오전의 수업이 끝날 무렵, 오늘은 도시락 대신 공무원들이 먹는 구내식당에서 밥을 먹기로 했다. 지하에 널찍하게 마련된 식당은 매우 정갈했고, 밥과 반찬도 매우 고급졌다. 물론 우리 학교에서 먹는 뷔페식 식사에 비하면 형편없었지만 말이다.

한참 웃고 떠들면서 식사를 하고 있는데, 국무총리께서 식사를 하신다고 식당으로 들어오셨다. 회의실에서 인사하기로 했는데, 회의 일정이 늦어져 식당으로 오신 것이다. 우리와 식사하면서 인사를 하려고 오셨다고 하기에 우리는 참으로 감격했다. 그리고 "와!" 하고 환호를 했다.

함께 배식을 받은 총리님 일행은 식사 전 우리에게 인사를 하셨다. "여러분! 오늘 국무총리실을 방문해 주셔서 감사합니다. 여러분들이 오신다는 소식을 듣고 저는 두 가지 부러웠습니다. 첫 번째는 '도대체 자유학교란 곳이 어떤 곳이기에 1년 12달 저렇게 현장 체험 학습을 하나?' 두 번째는 '저렇게 자유롭게 수업을 하면 얼마나 공부가 즐거울까?' 하는 것이었습니다. 하지만 돌이켜보니 우리가 어릴 때 다녔던 서당이나 시골 학교가 이로 그런 자유학교였던 것 같습니다. 교실에서 배우는 것보다 산과 들과 강에서 배우는 것이 더 많았거든요. 아무튼 오늘 여기서 보고 듣고 배운 것을 바탕으로 훌륭한 사람이 되어주세요. 감사합니다."

짧지만 간략하게 모든 것을 다 짚어주는 총리님의 말씀이 내 가슴에 와 닿았다. 왜냐면 내 자신이 자유와 자율이 없는 공부에 많이 시달려 보았기 때문이다. 학교며 학원, 그리고 야간 자율학습 등, 많은 시간 공부하는 것 같은데, 별로 아는 것이나 깨달음이 없었다. 여러 책에 있는 내용들을 짜깁기해서 만들어진 교과서만 달달 외우듯 공부해야 하니 공부에 진도가 없는 것이다. 하지만 우리 학교에서는 연구 주제나 공부과제가 주어지면, 아주 깊은 분야까지 파 볼 수 있다. 그리고 내 자신이 연구에 연구를 거듭하니 일부러 외우려고 하지 않아도 술술 절로 외워지는 것이다. 이러한 공부 방법을 제안하신 우리 이사장님의 아이디어가 너무나도 탁월하다. 이사장님과 교장 선생님은 제대로 된 공부 방법을 '전두엽강화 학습법'이라고 말씀하셨다.

모든 아이는 영재로 태어난다

이사장님은 아침 훈시 때마다 늘 말씀하신다.

"모든 아기는 영재로 태어납니다. 하나님이 모든 사람에게 공평하게 영재로 태어나는 축복을 주셨습니다. 그런데 자신이 영재인 줄 모르고 방치하다가 그만 평범한 둔재가 되어버리고 마는 것입니다. 하지만 저는 둔재라 하더라도 6개월만 노력하면 영재가 되는 방법을 알고 있습니다. 그것이 뭘까요? 네! 독서입니다. 독서를 21일을 하게 되면 습관이 생깁니다. 21일 이전에 멈추면 흔히 말하는 작심삼일이 됩니다. 그러나 21일을 꾸준히 하면 뇌에 있는 신경전달 회로인 시냅스가 방향을 바꾸어버립니다. 즉 좋아하는 것이 달라지는 것이죠. 그래서 21일을 3번 반복한 63일이 되면, 이제는 습관이 천성이 됩니다. 바뀌어진 천성을 따라 3년을 노력하면 세상 어느 누구도 따라올 수 없는 영재가 됩니다. 저는 이것을 '21, 63, 10,000번의 법칙'이라고 부릅니다."

나는 이러한 이사장님의 격려와 말씀에 힘입어 꾸준히 독서에

힘썼다. 4학년 때까지 게임 중독에 걸려 경찰서에서 조사를 받는 일까지 있었다. 당시 유행했던 온라인 게임에 타인의 아이디를 3개월간 이용한 일이 있었다. 피해를 입은 아이의 부모님이 신고를 해서 결국 덜미가 잡힌 것이다. 그전에도 그렇게 공부를 잘 못한 것은 아니지만 별로 재미도 없는 공부에 몰입하지 못해 우왕좌왕하다 그만 게임의 재미에 너무 빠진 것이 화근이었다.

그리고 엄마아빠의 추천으로 세종국제자유학교에 입학하고서부터 독서를 통한 책읽기의 즐거움에 빠지고, 내가 원하는 공부를 내가 원하는 방식으로 하게 되었던 것이다. 학교도 자유롭고, 공부방법도 자유롭고, 진로 선택도 자유로우니 일단 공부 스트레스가 없어서 너무 좋았다.

모든 교 과과정은 자기가 주도적으로 해야 하는데, 중간중간 방향 전환이 어려울 때 혹은 더 깊은 연구를 할 때는 선생님과 고학년 선배들이 도와주었다. 그 결과 나는 일반공립학교에서 전혀 누릴 수 없었던 학업 성취의 기쁨을 만끽할 수 있었다.

봉사를 위한 여행

우리 학교는 일 년에 일 차례씩은 반드시 동남아시아 저개발국가로 봉사 활동을 다녀와야 한다. 주로 방학을 이용해서 2주간의 일정으로 떠나게 되는 데, 그것이 고학년이 되면 미국이나 북유럽의 선진 국가로의 교육 견학으로 바뀌기도 한다.

이사장님은 지난 20여 년간 캄보디아와 인도네시아 그리고 미얀마 등에 학교들을 설립해 오셨다. 이사장님의 말로는 우리나라가 50년이란 짧은 세월에 일등 국가가 되고 원조를 받는 나라에서 원조를 하는 나라로 바뀌게 된 것은 미국이나 영국·호주 등의 선교사들이 와서 미션스쿨을 많이 세워주었기 때문이라고 하셨다. 1910년 한일합방이 되던 그해에 벌써 1,000여 개의 미션스쿨이 세워졌었다고 한다. 그 결과 우리나라가 독립이 되었을 때, 국가에서 필요한 공무원들을 뽑으니 70%가 미션스쿨에서 공부를 한 인재였다고 하셨다. 그래서 우리나라도 많은 원조, 특히 교육에 대한 원조를 많이 받았으니 동남아 여러 국가에 할 수만 있다면 학교를 많이 세워 그 나라의 인재를 많이 키워야 된다고 하셨다. 이미 세워진 학교가 20개가 넘는 우리는 해마다 여름·겨울 방학이면 봉사 활동을 하러 가는 것이다.

나도 벌써 4번이나 다녀왔다. 처음엔 형들이 봉사하러 가는 곳에서 짐을 날라주고, 환경 개선 사업을 할 때 청소하는 것이 고작이었다. 하지만 7학년이 되면서부터 영어를 집중적으로 연습하여 초등학생들에게 영어를 가르치고 영어 노래를 가르치는 일을 했다. 2 주간의 수업 계획을 세운 다음 2주간 초등학교 2~3학년 학생들에게 영어회 화를 가르치는 것이다.

솔직히 나의 영어 회화 실력은 해외 봉사 활동을 시작하면서 본격적으로 늘어난 거 같다. 우선 수업을 하려면 나부터 철저하게 준비해야 했기 때문에 나름 신경써서 공부를 하지 않을 수 없었다. 학생인 내가 왜 수업을 해야 할까 하는 의문이 있었다. 하지만 시간이 지나면서 이사장님의 방침이 얼마나 훌륭한 것인지를 이해했다. 이사장님의 철학은 간단했다. '가르치기 위해 배우면 잊어버릴 수가 없다'는 논리였다. 그러면서 가장 그 덕을 보는 사람이 목사님들이라는 것이다. 목사님들은 늘 설교와 성경을 가르쳐야 하기 때문에 계속해서 연구하고 스피치를 준비하고 실행을 하고 나면 어느새 도사가 된다는 것이다. 이사장님은 고학을 하면서 틈틈이 과외로 학생들을 가르치기도 하셨는데. 그때도 가르치면서 많은 것을 배울 수 있었다고 하셨다.

최근에 우리 학교뿐 아니라 여러 곳에서 하브루타 수업이 성행하고 있는데, 우리 학교 교장 선생님은 하브루타 수업의 대가라고 할 수 있다.

그분 역시 토론하고 발표하고 논쟁하는 것이 학습 능력의 향상에 엄청난 도움이 된다고 주장하신다. 봉사 활동을 다녀오면 어느 듯 어른이 되고 선생님이 된 우쭐함은 덤으로 얻는 선물이 아닐까 한다.

나는 참으로 학교가는 게 즐겁고 재미있다. 나는 많은 친구들이 우리 학교로 오면 좋겠다는 생각을 한다. 아니면 우리 학교를 좀 배워갔으면 좋겠다. 자유로운 학교, 자율에 의해 자기 주도로 공부하는 학교, 자신만의 미래를 만드는 학교, 그리고 그 과정을 스스로 찾아 만드는 학교. 그 학교가 내가 다니고 있는 세종블루국제자유학교인 것이다.

꿈꾸는 것이 이루어지는 것이 공부다

한 사람이 꿈을 꾸었다.

이 앞의 글은 세종블루국제자유학교에 다니는 한 학생의 이야기다. 어떻게 보면 꿈같은 이야기이다. 하지만 나는 이런 생각으로 내 자녀 셋을 키웠고, 그 영재성을 끌어냈으며, 짧지만 5년여의 시간을 통해 학생들을 키웠다. 지금은 다시 세종에서 자유학교를 세우기 위해 만반의 준비를 하고 있지만, 머잖은 장래에 그 꿈이 완성될 것이다.

한 사람의 꿈이 동조자를 만나면 역사에 파장을 일으킨다. 그 시작은 덴마크에서부터, 그리고 그 파장은 덴마크를 변화시킨 다음 세계를 변화시켜가고 있다. 그룬트비는 루터교 목사의 아들로 태어나 목사로 살았다. 자라면서 그는 루터교의 억압적인 분위기에 부딪혔다. 억압적인 천주교에서 튀어나온 루터교가 아이러니하게도 체제를 굳히자 경직되기 시작했다. 그는 이를 거부하고 자유로운 신앙을 추구했다.

그의 활동은 신학에서 그치지 않았다. 사회를 향해서는 사상가로, 교육을 향해서는 교육가로, 국가와 정부를 향해서는 정치가로 활동했다. 신학이 사변(思辨)에 그쳐서는 안 되고, 신앙이 교회 안에서 석고상이 되어서는 안 된다는 것을 몸으로 보여주었다. 무엇보다 천년 왕국이 오게 하는 보다 더 적극적인 의미에서, 하나님 나라가 이 땅에 오게 해야 한다고 믿은 대로 행동한 것이다. 그는 여리고성의 기생 라합처럼 적극적으로 노력했다. 성경적 정의(正義)와 정치(政治)를 그리고 그 길에 이르는 길을 교육으로 구현해 낸 '한 사람'이 그룬트비 목사이다. 그의 모토는 '덴마크여, 깨어나라'였다. 나는 이 한 마디에 그의 모든 사상과 철학이 다 들어 있다고 생각한다.

한 사람 그룬트비의 비전과 사상은 함께하는 사람을 만들었다. 그러자 사람들은 그들을 '그룬트비파'라고 불렀다. 그리하여 덴마크 각성 운동이 시작된다. 그룬트비 사상은 자유와 평등, 그리고 민중(폴케)으로 요약할 수 있다.

"절대적인 부자가 적고 가난한 사람은 더 적을 때, 사회는 풍요로워진다." 참된 덴마크인은 '인간의 자유와 독립과 존엄을 파괴하는' 세력에 맞서 싸우는 사람이라 했다. 그룬트비의 평등 · 자유 정신을 보여주는 말들이다. 그룬트비는 민중을 교육하는 것이야말로 나라의 성패가 달린 일이라고 보았다. 그룬트비의 교육철학을 지침으로 삼아 1844년 처음 세워진 것이 자유학교 '폴케호이스콜레'다. '민중의 대학'이라는 뜻의 이 자유학교는 덴마크 민중을 깨인 시민으로 키우는 민주주의 교육기관이 되었다. 그룬트비 정신으로 무장한 덴마크는 오늘날 지구상에서 유토피아에 가장 가까이 다가간 나라가 되었다. 가장 행복지수가 높은 나라가 되었다.

과연 '우리도 그런 행복한 나라를 만들 수 있을까?' 이 질문이 오늘의 현실을 보며 나를 뒤흔들었다. 교육은 백년대계(百年大計)이다. 정치 역시 철학을 바탕으로 적어도 20년의 미래 제시는 해야 한다. 하지만 정치가 오늘날 적어도 한국에서만큼은 현실의 궁여지책(窮餘之策)이 되었다.

교육과 정치는 미래를 내다보며 해야 한다는 말이다. 그런데 교육도 정치도 현실을 땜질하는 일에 골몰하고 있다.

한 나라가 제대로 일어서고 백년 초석을 다지려면 교육을 재점검해야 한다. 그래서 교육은 철저하게 미래 지향적이며, 거시적이어야 한다.

하지만 현실은 책상에서 앉아 머리만 굴리는 서생들의 몫이다. 이것은 어떤 사상이나 비전이 나올 수 없는 구조이다. 엘리트들은 소위 출세 과목에만 관심이 있다. 개인의 손해를 감수하면서 미래의 방향을 제시하는 리더는 드물기 짝이 없다.

그래서 나는 교육의 자유를 외친다. 교육의 자유를 주장하며 누구든지 학교를 세울 권리를 주장한다. 나는 그것을 자유학교라 한다. 그것이 단순히 덴마크를 변화시켰다는 이유 때문만은 아니다. 공교육을 밀고 나가면 하향평준화될 수밖에 없기 때문이다. 결과적으로 학력 저하와 국민 능력의 저하는 불을 보듯 뻔하기 때문이다.

원칙보다 부조리를 먼저 배웠던 학교

교육 이야기를 하려면 필자의 지나온 시절을 이야기하지 않을 수 없다. 필자는 1961년 3월 고향이 경북 영덕인 아버지와 어머니 밑에서 태어나 부산의 소위 달동네에서 살았다. 6.25 동란 이후 태어난 베이비붐 세대로서 내가 살던 동네는 평균 한 집에 4~6명이 살았다. 그리고 다녔던 초등학교는 한 반이 70명 가까이 되었다. 초등학교 2학년 때까지는 2부제 수업이 있었다. 말 그대로 학교는 인산인해를 이루었다. 월요일마다 있는 아침 조회에는 거의 4천 명 이넘는 학생들이 운동장을 가득 채웠었다. 유치원이란 부자집 아이들만 가는 특수한 곳이었기에 거의 대부분의 아이들은 길거리에서 코 흘리며 놀다가 봄이 올 무렵 엄마 손에 이끌려 처음으로 학교 문턱을 넘기 일쑤였다.

교실은 말 그대로 늘 난장판이었고, 공부보다는 운동장에서 뛰어노는 것이 더 즐거운 나날이었다. 그런데 초등학교 2학년이 되면서 소위 시험과 성적이라는 것이 아이들의 목을 조여 왔다. 원래 공부에 습관이 붙어 있지 않기도 했지만, 확연하게 성적 차이가 나는 친구들이 있었다. 어릴 적 뛰어난 실력을 보이는 아이들은 소위 대신동 부자 동네에 사는 집 자식들이었다. 그 친구들의 집을 가면 50년 전임에도 불구하고 집집마다 검은색 외제 세단이 있었고, 집에는 으레 가정부들이 있었으며, 어머니들은 육성회 간부로 학교 출입이 잦은 분들이었다. 거의 모든 선생님들이 그 부모들의 손아귀에 있었고, 학교 수업이 끝나면 담임 선생님의 집에 가서 소위 가정 수업을 받았다. 웬만큼 공부해서는 그 친구들을 따라잡을 수가 없었다. 더욱 가관인 것은 그분들에 의해서 대부분의 시험 문제들이 유출이 된다는 것이었다.

4학년 무렵이었다. 줄반장을 하던 상근이라는 친구가 있었다. 담임 선생님의 집에서 과외를 받는 친구들이 시험지를 미리 받아 집에서 문제를 풀고 충분히 암기한 다음에 시험을 치므로 거의 다 만점을 받는다는 것을 알았다. 그런데 상근이는 그 유출된 시험지를 항상 입수해 와서 몇몇의 친구들에게 보여주었다. 나를 비롯한 몇몇의 친구들은 밤새 한 과목씩 맡아 문제를 풀고 정답을 빽빽이 적은 컨닝 페이퍼를 가지고 시험을 쳤다. 일부러 한두 개 틀리고, 거의 다 만점을 받았다. 학교에 파란이 일었다. 지지리도 가난한 아이들 몇몇이 전교 1, 2등을 석권하는 것이었다.

나는 그때 도맡아 놓고 전교 1.2등 안에 들었다. 이런 행각은 4학년 내내 이어졌다. 그런데 4학년 말, 담임이었던 이한조 산생님이 갑자기 고혈압으로 세상을 떠나게 되면서 우리의 부조리한 행각은 끝이 났다. 당시 40살 전후셨다. 아직은 한참 젊은 나이였던 담임은 엄청나게 술을 좋아했다는 소문이 돌았다. 그리고 부잣집 학부형들에게 인기가 매우 좋았었다. 그리고 선생님의 집에서 과외를 받던 친구들은 유난히도 그 선생님과 친했던 기억이 있다.

5학년 때부터 나는 4학년 때의 실력을 유지하기 위해 독학을 해야 했다. 만약 그 성적을 유지하지 못하면, 4학년 때의 실력은 모두

거짓이라는 것이 판명나기 때문이었다. 이한조 선생님이 살아 계실 땐 과외를 받는 아이들이 부정한 방법을 쓰기 때문에 나의 부정함도 정당함을 갖고 있었지만, 그분이 돌아가시고 나서는 나는 부정을 저지를 길도 없어지고, 부정을 저지를 명분도 없어졌기 때문에, 없는 실력이지만 대부분의 성적은 유지하게 되었다.

정말 다행이었던 것은 어릴 적부터 책 읽는 것을 좋아한 덕에 나는 늘 친구를 사귀어도 책이 많은 부자집 아이들과 사귀었고, 친구집에 놀러 가면 늘 책을 빌려와 보았기 때문에 독서력이 생겼다. 독서력이 생겼다는 것은 결국 어떤 공부를 해도 독학이 가능하다는 것이 된다.

우리들의 일그러진 영웅

미국 교과서에도 실렸다는 이문열 작가의 단편 《우리들의 일그러진 영웅》, 사회의 부조리가 고스란히 학교에 녹아 있다는 것을 보여준 그의 작품은 그 시절, 우리가 늘 보았고 익히 알고 있는 '일그러진 자화상'이다. 누가 가해자이고, 누가 피해자인지 말하지 않아도, 가해자이든 피해자이든 숨기고 싶고 말하기 싫은 교실 안 풍경임에는 틀림이 없다. 전체주의와 획일주의가 교육의 근간이 되었던 시절, 교실에 '갑'(?)은 늘 존재했고, 그 안에서 생존을 위해 스스로 갑의 노예를 자처했던 수많은 '을'(?)과 '병'(?)들이 우리들의 일그러진 자화상이다.

그 학교, 그 교실이 만들어낸 사회가 지금의 한국 사회이고, 늘 갑질을 해왔던 그들이 부와 권력을 세습받아 여전히 갑질을 하고 있는 것이 오늘 한국 사회의 민낯이다.

중학교 2학년 때였다. 당시만 해도 교사들이 과외를 하는 것은 금지되어 있었다. 초등학교 때는 이에 대한 제도가 없어 불법이 아니었지만, 전국적으로 민원이 발생한 관계로 중학교 무렵인 1975년부터는 불법으로 규정되었다. 하지만 스스로 박봉에 시달린다고 생각하던 교사들은 비밀리에 자기 반 아이들을 데리고 몰래 숨어 과외를 했다.

필자는 지난 10년간 캄보디아를 중심으로 가난한 나라에 미션 스쿨을 세우는 일을 하고 있는데, 지금의 캄보디아가 그렇다. 교사들이 오전에는 학교에서 수업을, 오후에는 자기 반 아이들 중에 유력한 집의 아이들을 상대로 과외 수업을 해서 고소득을 올리고 있었다. 당연히 본 수업보다는 과외 수업에 더 치중하게 되고, 당연히 에너지도 더 쏟아 붓게 된다. 우리보다 30년이나 뒤진 후진국에서 누가 가르쳐 주지 않아도 그런 부조리들이 행해지고 있는 것을 보면서, '아! 그당시 우리나라가 후진국이었구나!' 하는 생각을 갖게 되는 것이다.

중학교 2학년 때의 담임은 물리 선생이었다. 다른 분들의 이름은 기억하지 못해도 그분의 이름은 기억한다. ○두만 선생. 우리는 그를 만두라고 불렀다. 그당시 아이들은 선생들의 이름을 부르기보다 별명으로 부르기를 좋아했던 것 같다. 인상 좋고, 성격도 좋았는데, 아이들은 그분을 싫어했다. 왜냐면 그분 역시 과외로 끝나는 것이 아니라 과외비 받는 것에 보답(?)하기 위해 시험지 유출까지는 아니어도, 예상 문제들을 뽑아 과외를 했기 때문이다. 물리와 생물, 화학 과목은 거의 다 그분이 예상 문제를 뽑아 가르쳐 주었기 때문에 반에서 그분의 과외를 받는 친구들은 늘 상위권을 유지하고 있었다.

시험 제도가 이렇게 부정이 많을 수 있는 것은 항상 컨닝과 시험지 유출과 예상 문제 노출이라는 복병이 있을 수 있기 때문이다. 최근의 공무원 시험만 보아도 그것을 알 수 있다. 어려서부터 컨닝과 시험지 유출에 익숙한 친구들은 정부청사의 보안망까지도 뚫고 들어가 시험 문제 유출 내지 성적 조작을 하는 것이다.

하지만 논술형으로 시험을 친다고 가정해 보자. 실기형으로 시험을 친다고 가정해 보자. 거짓이 끼어들 여지가 적고 가짜 실력을 위장하여 진짜 실력을 만들 수 없는 것이다. 또 한 가지, 시험 위주의 공부를 하면 항상 답을 외우고 암기해야 하는 능력이 커지기 때문에, 상상력이나 창의력이 발생할 수 있는 여지가 거의 없다. 상상력과 창의력이 부족하니, 희망하는 직업은 매뉴얼대로 사는 것이 편한 공무원이다. 그런 공무원이 결정권을 쥐고 있는 교육부이다 보니 어떤 자유로운 상상이나 창의력도 교육이라는 테두리 안에 들어 설 여지가 없다. 이것이 오늘 한국 사회와 학교의 부끄러운 현주소이다.

삐딱이가 성공하는 나라

지금은 있는지 모르겠지만, 어릴 적 배웠던 교과서에는 에디슨의 이야기가 있었다. 어린 에디슨이 수소가스 실험을 하면서 풍선처럼 하늘을 오르기 위해 가스를 마셨다는 이야기였다. 그리고 병아리를 낳기 위해 스스로 계란을 품었다는 이야기도 기억이 난다. 결국 학교에서 퇴학을 당한 에디슨은 어머니의 도움으로 독서력을 키우고, 삐딱이지만 몸으로 부딪히는 실험을 통해 2천 건이 넘는 특허를 소유한 발명의 대가가 되었다. 그가 설립한 GE(제너럴 일렉트릭)는 미국 굴지의 기업으로 100년도 넘게 장수하고 있다.

우리나라도 마찬가지이다. 정주영, 이병철, 조중훈, 김우중, 최
종현 회장 같은 분들은 학력도 일천하지만 자라난 환경도 열악했
다. 하지만 시대를 거스르고 일반적인 생각을 뛰어넘는 자유로운
사고와 상상력을 가졌기 때문에 오늘의 대한민국을 만들 수 있었
다. 앞으로도 한국이 발전하기 위해서는 정형화된 범생이가 아닌
어느 환경, 어느 조건에서도 일어설 수 있는 인재를 만들어내야 한
다. 그리고 그러한 인재들을 키워낼 역량 있는 교사들을 확보하여
야 한다. 그러한 교사는 사범대를 나오고 교원대를 나온 것으로는
부족하다. 늘 양지만 건너뛰어 다닌 범생이 선생님들은 할 수 없는
일이다. 자신의 분야에서 성공했던 경험이 있고, 이미 은퇴했지만
얼마든지 자신의 노하우를 후진들에게 전수해 줄 수 있는 그런 선
생님이 필요하다는 이야기다.

퇴물이라고 여겨지는 그분들에게 학교를 설립할 수 있는 권한을
주어야 한다. 건물이 학교가 아니라 스승이 학교라는 대전제가 동
양에는 있었다. 스승이 있으면 천리 길도 멀다고 생각하지 않고 보
냈다. 선생이 운영하는 사숙(私塾)에 집어넣었다. 학교가 건물이 되
는 순간, 마치 교회가 사람들의 연합이 아닌 건물 성전이 되는 순간
타락했듯이 학교는 타락하기 시작했다.

스승이 학교이면, 학교는 곧 스승이라는 등식이 회복 될 때, 단

순이 공부만 가르치는 것이 아니라 스승의 인격과 정신과 명예가 이어지는 것이다. 건물 학교를 벗어버리고, 마을이 학교가 되고, 스승이 학교가 되는 그런 세상을 꿈꾸며, 이 글을 기도하는 마음으로 써 내려간다.

진정한 학교는 있다

선각자란 앞서 깨친 분이라는 뜻이다. 각 분야에 선각자가 있다. 교육 분야에도 선각자가 있다. 거창고등학교를 설립하신 김창한 선생님, 민족사관학교를 설립한 이명재 선생님, 전주상산고를 설립하신 홍성대 선생님, 벨학교, 글로벌선진학교 설립자 등과 같은 이 시대 교육의 선각자들은 의외로 많다.

앞으로도 그런 선각자들이 많이 나올 줄을 굳게 믿고 있다.

문제는 그러한 학교들을 세워나갈 때, 사립학교법의 준용이 아니라 또 대안학교법이 아니라, 자유학교법에 의해 설립되고 발전될 학교들이 많기를 바란다. 선각자의 수만큼이나 많은 다양한 학교들이 말 그대로 우후죽순처럼 솟아나오도록 토양작업을 하는 것이 이 책의 논지이자 주장이다.

자유학기제를 넘어 자유학교로

자유학기제는 미봉책이다

언제쯤 한국의 교육에도 숨통이 좀 트일까. 아니 어떤 희망의 자락이라고 보고 싶다. 그러던 지난 2016년 교육부 업무 계획이 발표되었다. 그당시 획기적인 안이 하나 들어 있었다. 자유학기제를 전면 실시한다는 것이었다. 이름에서 알 수 있듯이 자유학기제의 개념은 자유학교에서 나왔다. 그러다가 2018년부터 자유학년제로 바꾸겠다고 발표했다.

필자는 고등학교 2학년, 3학년에 나름대로의 자유학년제를 경험했다. 어머니의 반대를 무릅쓰고 공고로 진학했다. 비록 가짜(?) 실력이지만, 중학교 졸업 무렵의 성적이 꽤 좋았고, 고교 배치 고사 성적도 상위권이었던 것 같다. 당시 부산의 명문 실업계는 부산상고와 필자가 지원했던 부산공고였다. 실업계를 지원할 수밖에 없었던 것은 집안 형편상 대학 진학은 꿈도 꿀 수 없었기 때문이다. 물론 마음으로 대학 진학을 포기한 것은 아니지만, 직장을 다니면서 야간대학에 가겠다는 생각이 있었다. 공고를 지원하였지만, 주간에는 일을 해야 했기 때문에 야간부에 지원하였고, 다행히 합격하였다.

공고 기계과에 지원한 나는 정말 혹독한 시련을 겪었다. 천성적으로 왜소하고 힘이 적었던 나에게 기계 실습은 한마디로 중노동이었다. 이렇게 평생 땀 흘리며 중노동을 할 생각하니 도저히 자신이 없었다. 1학년 말 무렵, 나는 자퇴를 생각하고 있었다. 1년을 쉬었다가 차라리 일반고 야간을 가든지 검정고시를 준비하든지 해야겠다는 생각을 할 무렵이었다. 그런데 획기적인 살 길이 열린 것이다.

야간반이지만 다행히 미술 수업이 있었다. 미술 시간 중 내 작품이 여러 번 뽑혔다, 미술 선생님의 눈에 띈 것이다. 그 길로 나는 미술부에 들어가게 되었다. 그곳은 나에게 해방 공간이었다. 기계 실습 대신 미술 실기로 많은 시간을 미술실에서 보낼 수 있었기 때문이다. 학교의 명예도 중요했던 시절이라 전국 미술 대회에 참여할 수 있는 특권이 부여되었다. 봄이면 진해 군항제, 밀양의 아랑제 등 전국 중·고교 미술 대회를 필두로 유명 미대에서 주최하는 각종 선발미술대회에 참가하면서 범생이가 아니라 날라리가 되어가고 있었다.

또 얼마나 많은 다른 학교 친구들과 야외 스케치 명목으로 싸돌아 다녔는지 모른다. 부산진역에서 출발하는 동해남부선을 타고 해운대, 송정, 일광, 심지어 울산과 경주까지 주말이면 안 가본 곳이 없을 정도로 야외 스케치 명목으로 돌아다녔다. 물론 여고생들과의 미팅도 빼놓을 수 없는 즐거움이었다. 후일 내 책 몇 권이 베스트셀러가 되어 신문과 방송을 탈 때, 그때 사귀었던 여친들한테 25년 만에, 또 30년 만에 전화가 오는 일도 있었다.

필자는 그 자유로웠던 시절이 '나의 자유학기, 자유학년, 자유학교'였다고 생각한다. 학교 교실에서 배웠던 그 어떤 것보다, 그리고 그어떤 공부보다 많은 공부와 경험들을 쌓았다. 리더십도 그때 생겼고, 학창 시절이 그나마 행복으로 가득찬 기억도 그 때문이라는 생각이 들며, 지금도 창가에 앉아 차를 마시면서 그때를 회상하면 즐겁다. 비록 학교 성적은 늘 꼴찌에 머물렀지만, 난 결국 대학을 갔고, 비록 미대는 아니지만 그림 그리는 일과 글을 쓰고 강연을 다니는 일로 인생의 말년이 행복하다.

2016년 당시 교육부(부총리 겸 교육부장관 이준식)는 "모두가 행복한 교육, 미래를 여는 창의 인재"라는 제목으로 2016년 업무 계획을 발표하였었다. 그러면서 "지난 3년간 정부는 꿈과 끼를 키우는 교육, 사회 수요에 부응하는 교육, 능력 중심 사회 구현을 목표로 교육 개혁을 추진해왔다. 초중등교육 단계에서는 '자유학기제'의 시행과 함께 "공교육정상화 촉진 및 선행교육 규제에 관한 특별법", "진로교육법", "인성교육진흥법"을 제정하고, 창의 융합형 인재를 길러내기 위한 2015 교육 과정을 확정하여, 학생들이 과도한 입시 경쟁에서 벗어나 꿈과 끼를 키워나갈 수 있도록 하기 위한 공교육 제도의 틀을 만들었다."고 발표한 것이다.

이 지침에 따라 2016년과 2017년 2년 동안 전국의 중학생들을 대상으로 자유학기제가 실시된 것이다. 이 자유학기제는 학교 교육 만족도 재고(再考)는 물론 학교 폭력 감소 효과도 가져온 것으로 나타났다고 하고, 학교 수업의 혁신과 새로운 학교 문화 조성에도 크게 기여하고 있다고 자체 평가한 내용까지 발표한 것이다.

'자유학기제' 란?

박근혜 정부에서 추진되었고 문재인 정부로 넘어온 교육 정책

중의 하나인 '자유학기제'를 현 정부에서 핵심사업으로 추진 중인
이유는 5년 전인 2013년, 42개의 중학교를 대상으로 시범 운영을
시작한 결과 만족할 만한 성과를 거두었기 때문이다.

자유학기제란 중학교 3년 과정 중 한 학기를 교과 과정 이수와
시험 부담에서 벗어나 진로 탐색과 동아리 활동 등에 집중할 수 있
게 하는 새로운 교육 과정이다. 수업이 교실에 얽매이지 않아도 된
다는 것을 국가와 사회, 특히 교육 당국이 이해한 것이다.

그러면 자유학기제의 모델이 된 해외 교육 제도는 어떤 것이 있
을까?

첫 번째, 영국의 갭이어(Gap Year)……고등학교 졸업 후 대학에 입
학하기 전 3~24개월 사이를 자신의 진로 탐색을 위해 다양한 활동
과 체험을 하는 기간으로 활용한다.

두 번째, 아일랜드 전환학년제(Transition Year)……고등학교 과정에
해당하는 '시니어 과정' 전 1년 동안 운영되는 교육 과정, 학교별로
차별화된 프로그램을 운영하며 진로 탐색을 돕는 기간이다.

세 번째, 덴마크의 애프터스쿨(After School)……고등학교에 진학하
기 전 여유 있는 시간을 가지면서 자아를 찾고, 진로 탐색을 원하는
학생들이 주로 선택하는 일종의 자유학교이다.

자유학기제가 자유학년제로

자유학기제로 출발한 이 실험은 제 2기에 접어들어 이제 자유학년제로 발전하고 있다. 한 학기 동안 시험을 치르지 않고 다양한 체험으로 꿈과 재능을 발견하도록 돕겠다는 취지로 도입된 자유학기제를 이제 중학교 1학년부터 자유학년제로 확대하는 것이다. 이것은 어쩌면 현실의 벽에 부딪힌 공교육이 마지막으로 선택한 궁여지책일 수도 있다.

자유학기제의 핵심은 중학교 6개 학기 중 한 학기(1학년 1·2학기, 2학년 1학기 중 선택)동안 운영되는 교육 과정으로 중간·기말고사 등 지필시험은 치르지 않고 자율 과정으로 진로 탐색, 동아리, 예술, 체육 등 다양한 활동들을 체험할 수 있게 하는 것이다. 그리고 학교생활기록부에도 점수 대신 서술형으로 기재하도록 하였다.

그러다가 2018년부터 자유학기제가 중1 자유학년제로 확대 적용한다는 것이 교육부의 계획이다.

교육부는 이미 지난 2017년 9월 이같은 내용을 공개한 뒤 수요를 파악한 결과, 1,500개 중학교에서 중1 자유학년제 도입을 원한 것으로 조사됐다고 밝혔다. 이는 전국 3,210개 중학교 중 46%에 해당하는 수치이다. 교육부는 "광주·경기·강원도교육청 관내 전체

중학교에서 자유학년제를 도입해 시행할 예정"이라고도 밝혔다.

자유학기제 시행 학교는 한 학기 170시간 이상, 자유학년제 시행학교는 연간 최소 221시간 이상 운영하며, 학기당 운영 시간과 개설 프로그램은 학교에서 자율적으로 결정한다는 취지이다.

교육부는 매년 자유학기제 운영 학교에 대해 연간 평균 1,800만 원 내외로 차등 지원하며, 자유학년제 희망 학교에는 연간 평균 2,800만 원을 지원한다는 구체적인 예산안까지 발표했다. 또 자유학년제 이후 한 학기 이상 학생 중심 수업·과정 중심 평가·자유학기 활동 일부 운영 학교에는 학교당 연간 평균 700만 원을 추가로 지원할 예정이라고도 한다.

시·도 교육청은 내년 3월 '2019학년도 고입전형 계획'을 공고할 때, 자유학년제에 참여하는 중1 학생들의 내신 성적을 2021학년도 고입 전형에 반영하지 않을 것도 발표할 예정이라고 한다.

하지만 일선에서 일을 맡은 교사들은 불만이 한두 가지가 아니라고 한다. "체험 학습을 위한 장소 섭외에 큰 어려움을 겪었다"면서 "직업 체험을 위해 현장에 방문하기까지 여러 차례 퇴짜를 맞았다"고 이야기하기도 한다.

또 학부모들의 염려도 한두 가지가 아니다. "아이 꿈이 화가라 미술부에 들어가고 싶었지만, 학생들이 몰려 가위 바위 보로 결정하고 결국 적성에 맞지도 않는 수학 문제 풀이부에 들어갔다"며 "정작 꿈을 키우진 못하고 수행 평가만 느는 것 같다"고 토로하였다.

교사들은 교과 수업 외에 자율적으로 체험 프로그램을 짜서 운영해야 하기 때문에 업무가 늘어나고 있어 교사들이 중1 자유학년제에 얼마나 적극적으로 참여할지도 알 수 없는 상황이라는 볼멘목소리가 벌써 터져 나오고 있다고 언론은 전한다.

댐은 터져 물은 새는데, 임시 방편으로 누수 공사를 한다고 해결될 문제가 아닌데도, 이런 미봉책들이 나오는 것은 학업 성취도가 OECD 국가 중 최하위를 기록하고 있기 때문이다.

자유학기제 도입 배경

자유학기제나 자유학년제의 궁극적인 목적은 학생들의 '진로 탐색' 시간이다. 청소년 시기에는 자신의 소질과 적성을 파악하고 미래를 준비하는 것이 무엇보다도 중요하다. 하지만 정말 안타깝게도, 우리나라 대부분의 청소년들은 주입식 교육에 의존해 온 결과 자신의 끼와 꿈을 제대로 발견할 기회가 마땅치 않은 것이 현실이다.

실제로 한국직업능력개발원이 발표한 2014년 학교진로교육 실태 조사에 따르면 중학생의 31.6%, 고등학생의 29.5%가 "장래 희

망이 없다."고 말했다고 한다. 그래서 정부가 나서 추진한 해결 방
안이 고등학교 1학년 학생을 대상으로 1년 동안 적성 탐색을 할 수
있는 기회를 부여하는 아일랜드의 '전환학년제'와 같은 제도에 관
심을 기울이게 된 것이다.

자유학기제의 핵심은 수업의 주체가 교사가 아닌 학생으로 바
뀐다는 것이다. 평가 방식도 이에 맞추어 바뀔 수밖에 없다. 기존
의 학기에서는 중간·기말고사와 수행 평가를 통해 학생들의 성적
을 산출했는데, 자유학기제에서는 학생들 스스로 자기평가를 하고,
학생간 상호평가를 한다. 또한 교사는 생활기록부에 학생들의 수업
참여 태도와 학업 성취도를 서술식으로 작성하게 한다는 것이다.

덴마크의 '애프터스쿨'은 일종의 자유학교로, 주로 고등 과정 진
학 전에 여유 있는 시간을 가지며, 자아를 찾거나, 진로 탐색을 하
거나, 친구들과 시간을 보내고 싶은 학생들이 주로 선택한다. 이 제
도의 궁극적인 목적은 앞으로 학생들에게 펼쳐질 사회로 도약할 수
있는 준비를 도와주는 것이다.

그런데 문제는 이러한 자유학년제를 체험시켜주고 잘하도록 도
와주는 입시 학원이 생긴다는 것이다. 부모들은 자유학기제나 자유
학년제는 결국 고교학점제의 부활이고, 학생부 종합전형에 이것이
기록으로 남게 되면 결국 중학 생활이 대입에 직결된다고 생각한

다. 이 때문에 미리 자율 학습과 진로 탐색에 대한 선행 학습을 학원에서 한 다음 자유학년제를 보내야 한다는 판단이 나오는 것이다. 가뜩이나 포화 상태로 수익률이 오르지 않는 학원가에 새로운 틈새시장을 만들어주는 결과가 되어 버렸다.

반복되는 악순환

최근 신문 기사에는 다음과 같은 이야기도 실렸다.

'꿈'까지도 선행 학습하는 시대가 왔다. 내년부터 전국 중학교에서 시행되는 '자유학년제'와 현 초5가 고1이 되는 2022학년도까지 도입을 목표로 하는 '고교학점제' 때문이다.

그러면 자유학년제가 무엇인가? 일반 학원가에서는 학생들이 1년 동안 참여 중심·과정 중심 수업을 듣는 것이라고 말한다. 따라서 수업도 학생의 토론과 발표, 관찰과 실험 등을 중심으로 이뤄진다. 또한 일부 수업은 학생들이 '직접' 선택할 수 있다. 고교 학점제 역시 필수 이수과목을 제외하곤 학생들이 원하는 수업을 직접 선택해 듣는 교육과정이다. 두 제도가 안정적으로 정착되면 학생들은 중학교부터 고등학교까지 '흥미와 적성', 즉 진로에 따라 원하는 수업을 선택해서 들을 수 있다.

문제는 자유학기제·고교학점제가 '대입과 직결된다'는 주장이
나오면서 사교육으로 이어질 가능성이 매우 높다는 것이다. 도대체
이게 무슨 말일까? 먼저 고교학점제가 도입되면 사실상 '내신 성취
평가제(절대평가제)' 도입이 불가피해진다는 것이다. 선택한 학생이
적은 과목도 상대평가를 적용하면 좋은 성적을 받는 데 유리한 과
목으로 인식되어 학생들이 몰리게 됨으로써 고교학점제의 취지 자
체가 무색해지기 때문이다. 하지만 현재 교육 현장에서는 '내신 절
대평가'뿐만 아니라 '수능 절대평가'까지 논의되고 있는 상황. 이에
내신과 수능 변별력이 약화되면 '학생부 종합전형'만이 유의미한
대입 전형으로 남게 된다는 것이다.

즉 '적성과 진로'를 골자로 하는 자유학기제의 확대, 고교학점제
의 도입, 이에 따른 학생부 종합전형의 확대가 맞물리면 '성공적인
자유학기제가 성공적인 대입으로 이어진다'는 주장이 제기되고 있
는 것이다.

'대입에 영향이 있을 수 있다'는 생각에 초조해진 초등 학부모들
은 '꿈 찾기'뿐만 아니라 자유학년제 수업에 대비하기 위해 벌써부
터 사교육업체의 문을 두드리고 있다. 자유학기제 수업은 주로 토
론과 발표, 실험과 관찰, 콘텐츠 제작 형태로 진행되는 경우가 일반
적이다. 이에 토론과 발표를 위한 스피치 학원, 실험과 관찰 이후

보고서 작성을 위한 글쓰기 학원, 영상 콘텐츠 제작을 위한 컴퓨터 학원 등을 분주히 찾는 것이다.

사교육을 줄여보자는 취지에서 나왔는데, 벌써부터 이에 대비한 학원의 컨텐츠들이 쏟아져 나오고 있다. 심지어는 아예 자유학년제 수업 방식을 빌려와 학생들을 가르치는 학원도 있다고 할 정도이다. 학원들의 취지는 "학생들이 자유학기제 활동에 어려움 없이 적응할 수 있도록 예비 중학생·중학생을 대상으로 과정 중심 수업을 운영하고 있다"면서 "자유학기제가 자유학년제로 확대된다는 방침이 발표된 후 특히 학부모들의 반응이 뜨겁다"고 말했다.

왜 이런 악순환이 계속되는가. 이유는 간단하다. 기존 학교가 진로 문제를 틀어쥐고 있기 때문이다. 교육의 완성을 대학으로 보고, 대학으로 가는 길을 다양성과 자율성에 맞추어 자유롭게 개방하면 될 텐데. 공교육만이 교육의 전부인 양 전근대적 사고에서 깨어나지 못하고 있기 때문이다.

문제의 근본을 알면 해결은 간단하다. 그런데 근본을 쥐고 있는 교육부가 관료적으로 사고하고 있기 때문에 해결책이 없는 것이다. 그러므로 이것을 해결하기 위해서는 헌법에 명문화하고, 시행을 위한 법을 만들어야 하는데, 이것은 정치가 해 주어야 할 책임이 있다.

왜 학교 선택권이 없는가

대안교육이 필요하다

2017년 10월, 교육부가 파악한 미인가 대안학교는 전체의
절반 정도이다. 나머지 절반은 존재조차 모른다고 한다(국민일보
2017.10.25). 현재 비공식 집계된 대안학교의 수는 540곳이다. 학생
수도 3만 명에 이른다. 이중 기독대안학교가 전체의 절반인 230곳
이다. 이러한 성장 추세는 계속되어 2020년에는 대안학교의 숫자
가 1,000개에 이를 것으로 전망되고 있다. 또 2030년까지는 적어
도 3.000개 이상의 대안학교가 생기지 않을까 조심스럽게 전망한

다. 이것은 원하든 원하지 않든 시대가 교육 패러다임의 전환을 강제하고 있기 때문에 나타나는 현상이다.

그 이유는 대략 5가지로 요약할 수 있다.

첫째 이유, 권위적이고 위선적인 교육으로부터 탈권위적이고 실생활 중심의 교육에 대한 요구가 점점 증대하기 때문이다. 이것은 보수나 진보 모두 요구하고 있는 상황이며, 이러한 요구는 대안교육의 실험기가 끝나면서 봇물처럼 터져 나오고 있다.

둘째 이유는 교육에 있어 인성적인 부분이 빠져 있다는 것을 뒤늦게 깨달았기 때문이다. 이는 입시 중심의 교육이 50년 이상 추구해온 과정에서 어쩔 수 없는 현상이었다고 하더라도 그 결과는 예상 외로 심각한 사회적·구조적 문제점을 끝없이 드러내고 있다. 예를 들면 왕따와 같은 교실 내의 차별 문제에서부터 줄어들기는커녕 점점 확대되고 있는 소위 엘리트 그룹이라고 할 수 있는 의대생이나 법대생들의 성추행과 같은 비행들이다.

셋째 이유는 미래학자들의 예언처럼 소위 학(學)의 시대가 소멸되고 습(習)의 시대가 오고 있는데, 기존의 교육 체계로는 새로운 습득(習得)과 체득(體得)과 같은 자기 주도적이며 변화 주도적인 인재를 만들어낼 수 없다는 사실을 깨닫게 되었기 때문이다. 따라서 인공지능 시대에 학(學) 중심의 교육관으로는 결코 인공지능을 능가할 수 없다. 인공지능이 도저히 따라올 수 없는 몸과 마음이 작동하는 인문학적이고 창의적이며 상상력이 주도하는 습의 교육이 필요하다.

넷째 이유는 지금과 같은 공교육이 지향하고 있는 공공재적 성격의 교육으로는 자유시장적 무한 경쟁 시대의 패러다임을 이길 수 없기 때문이다. 그래서 교육을 자유경쟁 체제에 두어야 한다. 현재 한국 교육이 당면하고 있는 문제의 가장 큰 핵심은 과연 교육이 공공재인가 아니면 시장화할 수 있는 서비스재인가의 문제이다. 한국뿐 아니라 대개의 나라들이 교육이 공공재라는 입장에 서다 보니 결국 전기나 수도 등과 같은 배급의 논리가 지배하게 되었다. 그리하여 다른 공공재와 같이 국가가 재원을 세금으로 마련하고, 그것을 평등 혹은 균등하게 분배한다는 논리에서 출발한다. 물론 이것은 교육 기회의 균등, 교육 대상에 대한 평등권에 있어서는 일견 맞는 논리라고 할 수 있다. 기이하게도 우리 나라에서는 공교육은 평등을 위하여, 사교육은 불평등을 상징하며 공존하고 있다고 보고 있다. 이에 대한 근본적인 대안으로 나온 것이 대안학교 운동이다.

마지막 다섯째 이유는 학교 선택의 자유가 없기 때문이다. 언제부터인가 우리나라에서는 소위 '뺑뺑이'라는 방법에 의한 천편일률적인 교육의 틀에 강제적으로 편입되어 중요한 학령기를 보내야 하는 것에 대한 회의가 일었다. 이것이 결국 새로운 모험, 교육받을 권리의 자유, 학교를 선택할 자유를 찾아 대안교육으로의 이동이 가속화된 것이 아닌가 한다.

대안교육을 확산할 필요가 있다

올 초 한 토론회에서 같이 토론을 하였던 '자유경제원' 최승노 박사의 주장은 의미심장하다. "교육은 공공재가 될 수 없으므로 정부가 독점 공급할 이유도 없다."는 주장이다. 물론 공공성이 있다는 데에 동의한다고 하였다. 하지만 공공성이 정부의 독점을 정당화할 이유가 없다고 하면서 차라리 민간을 통해 더 양질의 성과를 내야 한다고 주장한다. 그리고 이미 세워진 사립학교들의 자율성을 더 보장해 주어야 한다고 한다.

그리고 교육은 상품이 아니므로 교육을 경제 논리로 취급하여 '교육시장화'하지 말라는 오해에 대해서도 교육은 서비스산업으로 충분히 자유경쟁 시장의 논리로 접근해야 한다고 주장한다. 이에 대한 근거로 교육을 공공재로 여겨 계획 주의·국가간섭 주의를 채택한 나라들이 시장 논리를 채택한 나라에 비해 쇠퇴했다는 주장을 한다.

그리고 오늘날 교육을 공공재로 오해하고 정부가 주도해야 한다는 잘못된 생각이 너무 짙게 드리워 있기 때문에 한국에 있어 교육은 많은 문제를 야기하고 있다고 한다. 경쟁력 있는 교육을 위해선 우선 공공재로 여기는 오해를 먼저 풀어야 한다고 주장한다. 많은 부분 최승노 박사의 논제에 공감하며, 곁들여 몇 가지 주장과 대안들을 덧붙인 적이 있다.

기성복만 입으라는 학교

먼저 다음과 같은 이야기를 해 보려고 한다. 여기 어느 외딴 섬 마을에 국가로부터 각종 지원을 받는 옷가게가 있다. 그런데 이 옷가게는 한 가지 사이즈의 기성복만을 보유하고 있다. 그 기성복의 디자인이나 색상은 동일하다. 손님이 와서 "사이즈가 다르다," "색상이 마음에 들지 않는다"고 이야기하면, 점원은 "다른 곳에 가서 옷을 사라"고 고압적으로 말한다. 하지만 손님들은 그야말로 '울며 겨자먹기' 식으로 그 가게에서 옷을 살 수밖에 없다.

이것은 《대한민국 교육혁명 학교선택권》의 저자인 오호영 박사가 예로 든 이야기이다. 마치 전국적으로 "통일된 교복을 입고 통일된 교실에서 통일된 교과 과정만 배워라"고 가르쳤던 일제 강점기와 군사 독재 시절과 무엇이 다른가?

때문에 결국 소비자는 기성복을 사서 자신의 체형에 맞도록 길이를 줄이는 등의 수선을 하거나(사교육 의존), 경제적으로 여유가 있는 사람은 아예 기성복을 포기하고 맞춤형의 값비싼 옷을 사 입을 수밖에 없다. 외국 조기 유학이나 대안학교가 그런 예이다.

공교육이 최선인가

우선 공공재로 여기는 관점, 즉 공교육의 입장에서 볼 때 최선의 교육이 공교육이어야 하는가? 이 문제를 짚고 넘어가려면 먼저 공교육의 기원부터 살펴보아야 한다.

공교육은 국가에서 주도하는 교육으로, 의무교육과 보통교육이라는 속성을 지니고 있는 공적인 교육을 말한다. 이러한 공교육은 유럽에서 특히 종교개혁을 주도했던 독일의 루터파로부터 17세기경 그 조짐을 보이기 시작해서 18, 19세기에 완성되었다. 이전에는 교육의 주도권이 기존의 교회나 민간이었다는 것은 역사가 증명하고 있다.

다시 말해 오늘날 공교육이라고 말하는 보통교육은 길어야 300년, 보편화된 시기로 본다면 200년의 짧은 역사를 가지고 있을 뿐이다. 우리나라는 130년 역사를 가지고 있다.

도시로 물려들며 늘어나는 노동자와 시민계급들의 자녀들을 대량으로 교육시키기 위한 조치가 교육의 균등화란 명목으로 공교육화되었다. 당시 만연하기 시작한 민족국가라는 개념이 공교육의 국가 주도화를 더 촉진시키게 된 것은 주지의 사실이다. 그러므로 공교육의 사상적 기반은 국가주의이고, 공교육 역시 목적보다는 수단의 성격을 갖는다고 할 수 있다. 때문에 지금도 교과서를 중심으로 하는 국가 주도의 교육 과정이 첨예하게 대립하고 있는 것이다.

평등교육이 과연 최선인가

공교육에 앞서는 역사를 가진 사교육의 시초는 고대 그리스의 폴리스에서 찾아볼 수 있다. 그리스의 아이들은 어렸을 때 가정교사(노예)에게 기초적인 교육을 받았고, 성장해서는 사립학교에 다녔다. 이것은 현대 교육의 모델로 제시되고 있는 유대인들의 교육에서도 그대로 드러난다.

대부분의 유대아이들은 어려서는 먼저 집에서 부모로부터 가정교육을 받고, 그리고 랍비(rabbi)들로부터 회당교육을 받았는데, 이것은 엄격한 의미에서는 사교육이었다고 할 수 있다. 하지만 민족 전체에서 보편적으로 행해졌기 때문에 충분히 보편성과 평등성이 있었다. 그리고 그 목적은 다양한 분야의 다양한 인재를 양성하는 데 있었다.

하지만 한국에서는 공교육과 사교육이 오직 한마음 한뜻으로 한 가지 목적을 추구한다. 바로 명문 상급 학교의 진학이다. 상급 학교에 진학해야 할 이유는 단 한 가지, 성적 순에 따라 서열이 정해지는 비교적 고착화된 제도 속에 안정적으로 진입하기 위해서이다.

이러한 서열이 한국 사회 속에 고착화된 이유는 적은 기회와 재화가 기회의 불균형을 만들었고, 그 불균형이 관료적 조직을 사회 속에 자연스럽게 만들어 놓은 결과이다. 조직이나 시스템은 한 번 만들어지면 변화하기를 극도로 회피하기 때문에 교육의 자유 시장화는 생각 이상으로 쉽지 않은 과제임에 분명하다.

공공재에서 사유재 혹은 시장화

공교육이 갖는 장점도 분명히 있다. 적어도 가난 때문에 기초적인 교육조차 시키기 어려운 경우에는 문맹 퇴치의 차원에서, 나아가 기본적인 시민의 소양을 갖추는 측면에선 국가 혹은 정부 주도의 공교육은 필요하다, 즉 모든 국민들이 국가의 발전을 위해 기여할 수 있는 지적 수준을 갖추게 하는 데 그 목적이 있다면 옳다.

하지만 한국의 공교육은 기본 소양을 뛰어 넘어 개인의 성장과 진로 그리고 비전과 이상을 실현하는 영역까지 침범하여 과도하게 개인의 미래를 제한 내지 하향 조정하고 있다.

이것은 공교육의 역할을 넘어 공교육의 변질이라 할 수 있다. 즉 국가가 대학에 잘 가도록 교과를 편성하고, 교사들은 더 많은 학생들을 명문대에 보내는 것에 이상을 가진 공교육은 사교육화에 앞장서고 있다. 과연 이것이 옳은 일일까? 나아가 일선 교사들 중 많은 분들은 학생들이 좋은 학원에 다니기를 권유하고 있는 실정이다.

학교설립의 자유권을 주어야 한다

지금과 같이 대중화된 스마트 시대가 올 줄은 아무도 예견하지 못했다. 이젠 한 명의 천재가 한 손에 최고 사양의 컴퓨터와 함께 전 세계를 기반으로 하는 네트워크를 갖추게 되었다. 사용 능력에 따라 그는 세계를 무대로 일하고 즐길 수 있는 시대가 된 것이다. 따라서 이러한 스마트폰 플랫폼 기반 사회에서는 지식과 정보를 가진 두뇌가 힘의 원천이자 부의 요건이며, 한 사람, 한 사람 인재가 최고의 자원이다.

스마트 사회에서는 무엇을 아는가를 측정하는 시험에서 무엇을 할 수 있는가를 묻는 시험으로 바뀌고 있다. 창의력·탐구력·상상력을 길러주는 교육만이 세상을 주도할 수 있다. 지금과 같은 가치관을 가진 세태 속에서는 대기업 사원 아니면 공무원 외에 대안이 없다.

몇 년 전 한 유명한 PD로부터 메스미디어의 시대가 쓰러지고 1인 방송의 시대가 도래 할 것이라는 이야기를 들은 적이 있었다. 사실 그때는 코방귀를 뀌었지만 지금은 주류 매스미디어에 필적할만한 세력으로 1인 방송들이 더 많은 영향을 끼치고 있다. 마찬가지로 거대한 공교육 시스템은 결국은 쓰러질 것이라고 예견하는 교육학자들이 많다. 왜냐면 1인 교사에 의한 도제(徒弟)적 학교가 점점 늘어날 것이기 때문이다.

예를 들면 K-pop으로 대별되는 스타양성시스템이 이러한 양상이 시초이다. 얼마전 BTS의 영국과 프랑스 공연은 한 마디로 천지가 개벽할 일이었다. 40년 전, 30년 전 비틀즈 같은 스타들이 내한했을 때 우리네 선배들이 보여주었던 열광은 BTS의 열광에 비하면 새발의 피다.

K-pop 한류스타들을 만들어 내는 시스템이 일종의 자유학교인

셈이다. 꿈을 가진 설립자가 스타양성 학교를 세우고 이에 걸맞는 선생들을 뽑고 체계화된 선발 시스템을 통해 집중적으로 교육한 다음 각각의 재능에 따라 그룹을 짜고 이를 실현하도록 돕는 방법, 노래와 춤, 연기 등의 분야에 탁월한 재능을 키운 다음 필요한 어학과 매너 등을 교육시킬 때 절대 편향되지 않는 전인적인 스타로 자라가는 것을 보게 된다.

학교 선택의 자유를 주어야 한다

교육에 대한 전문성과 사명감을 가진 분들은 자유롭게 후세 교육에 뛰어들게 하는 교육의 보편화와 교육의 자유화가 허락되면 학생들의 학교 선택 폭은 분명히 넓어질 것이다. 세계적인 교육 강국 덴마크, 네덜란드와 핀란드·스웨덴은 학부모에게 학교 설립권을 부여하고, 30명 이상의 학생을 모집하면 학교 설립을 인가해주며 운영비는 국가에서 지급한다.

학생이 오지 않으면 폐교되기 때문에 학교와 교사는 온갖 정성을 다해 지도한다. 공교육보다 더 많은 다양한 작은 학교들이 세워지면, 학생들은 자기의 적성과 비전과 교육철학이 맞는 학교들을 학생들은 마음껏 선택하게 될 것이다. 이것이야말로 교육의 르네상

스가 아닐까 한다.

교육의 주체를 다양화해야 한다.

뉴질랜드는 1988년 교육부 권한을 개별 학교로 이관하여 교육부 인원 4천 명을 400명으로 감축하고 지역 교육청을 폐지, 학교 자율 경영 체제를 수립하여 학부모가 양질의 교육을 제공하는 학교를 선택할 수 있게 했다. 얼마나 과감한가.

이렇게 선진국이 모두 교육 경쟁을 위해 총력을 쏟고 있는데, 한국은 공교육이 붕괴되고 있음에도 불구하고 능동적인 대처를 하지 못하고 있다. 교육 당국과 교사들과 또 다수의 학부모들이 경직되어 빠르게 변화하는 시대를 읽어내지 못하고 우왕좌왕하는 사이에 세상은 이미 너무 많이 변해 버렸다.

결과적으로 지금 우리나라 초·중등학교는 21세기 학생을, 20세기 교사가, 19세기의 학교에서 가르치는 형국이 되고 말았다.

학생들은 인터넷과 스마트폰, 페이스북과 같은 21세기 문명의 홍수 속에 상상할 수 없는 속도로 달아나고 있다. 인공지능과 로봇의 시대가 임박하여 곧 특이점의 시대가 도래한다고 경고함에도 불구하고 손을 놓고 타성에만 몸을 맡긴 채 달려가고 있다.

그러므로 교육의 주체가 현행과 같은 국가 중심의 교육에서 좀 더 나아가 유능한 교사 중심의 교육, 학부모들에게 선택권을 부여하고, 학생들에겐 다양한 수업 선택권을 부여하는 방향으로 나아가기 위해 현재 입법이 추진되고 있는 가칭 "대안학교진흥법"의 통과와 더불어 "자유학교법"이 발의되고 통과되기를 기대한다.

필자는 덴마크에서 시작되고, 많은 나라들의 교육에 영향을 준 자유학교법의 제정과 시행이 결국 마지막 대안이 될 것이라 믿으며 다음과 같이 제안한다.

첫째 교육의 주체가 학생과 학부모임을 선언하고, 교육 소비자인 학생과 학부모에게 학교 선택권을 보장한다. 이를 법적으로 명문화하고, 이에 따른 차별과 장애들을 법적으로 제거해야 한다.

둘째, 덴마크·스웨덴·미국과 같이 학교의 설립과 인가가 자유로워야 한다. 학교의 설립과 운영이 더 이상 국가와 몇몇 대형 사학재단의 전유물이어서는 안 된다. 뜻있는 개인, 사회단체 및 종교단체 누구든지 교육에 대한 이해와 의지가 있으면 학교를 설립할 수 있어야 한다.

셋째, 학교 선택권을 사용하여 유학, 대안교육, 검정고시 준비, 자퇴 후 직업교육 이수, 홈스쿨링 등을 하고 있는 학생과 학부모들에겐 국가가 교육비 전액을 부담해야 한다.

2016년 교육부 예산 총액은 63조 969억 원이었다.[1] 이중 시도 교육청에 보낸 보통교부금은 39조 8,257억 원이었다. 2015년보 다 1조 8,000억 원 가량이 늘어난 액수이다. 이 액수를 학령인구 14학년(유치원 2년 초중고 12년) 887만 명[2]으로 나누면 학생 1인에게 돌아가야 할 교육 예산은 약 721만 원이다. 이는 월 60만 원이 정 도 된다.

이중에서 자퇴학생 수는 해마다 증가하여 학년별로 약 6만 명 정도이고, 합계 60만 명의 학생이 자퇴 중인데 이들은 단지 학교를 가지 못한다는 이유로 교육 세금의 환급 혜택을 전혀 받지 못하고 있다. 이 돈의 대부분은 관료들을 위해, 그리고 불요불급한 부동산

---

1) 2016년도 예산안의 총지출은 55조 7,299억원으로 2015년 54조 8,998억원 대 비 8,301 억원(1.5%) 증가하였다. 회계·기금별로는 일반회계 50조 4,149억원, 지역발전특별회계 8,573억원, 사립학교교직원연금기금 4조 4,577억원, 사학진 흥기금 2,439억원이다.

2) 2011년 통계청의 장래인구추계 자료를 근거로 1996년 학령인구는 1천171만 명 에서 2015년 887만 명으로 줄었다. 2020년엔 775만 명, 2030년엔 711만 명, 2040년엔 669만 명, 2050년엔 514만 명으로 줄고 2060년에는 488만 명까지 급 감할 것이란 예측도 나왔다. 전문가들은 2018년을 매우 중요한 변곡점으로 본다. 전국적으로 대입정원 역전현상이 발생하는 시점이기 때문이다. 2018년은 고등학 교 졸업자 수가 46만6천114명으로 급격하게 줄어들어 대학정원인 60만 명을 채 우지 못한다. 이때부터 대학 미달 사태가 전국적으로 벌어지게 된다. 내년에 고교 를 졸업하는 학생은 57만4천947명, 올해는 56만7천331명이다.

구입 및 유지 비용으로 낭비³⁾되고 있다.

[표 1] 교육부 소관 세입 · 수입 현황 (단위 : 억원, %)

	2014 결산	2015 본예산	2015 추경(A)	2016 예산안(B)	증감 B-A	(B-A)/A
예산	3,306	16,955	16,955	1,313	-15,642	-92.3
-일반회계	3,259	16,882	16,882	1,211	-15,671	-92.8
-지역발전특별회계	47	73	73	102	29	41
기금	108,925	110,132	110,132	110,299	167	0.2
-사립학교교직원연금기금	104,690	105,236	105,236	106,201	965	0.9
-사학진흥기금	4,235	4,896	4,896	4,098	-798	-16.3
총 계	112,231	127,086	127,086	111,612	-15,475	-12.2

[표 2] 교육부 소관 세출 · 지출 현황 (단위 : 억원, %)

	2014 결산	2015 본예산	2015 추경(A)	2016 예산안(B)	증감 B-A	(B-A)/A
예산	506,222	512,241	512,241	520,670	8,429	1.6
-일반회계	497,750	503,256	503,256	512,097	8,841	1.8
-혁신도시건설특별회계	124	318	318	0	-318	-100
-지역발전특별회계	8,348	8,667	8,667	8,573	-94	-1.1
기금	108,925	110,132	110,132	110,299	167	0.2
-사립학교교직원연금기금	104,690	105,236	105,236	106,201	965	0.9
-사학진흥기금	4,235	4,896	4,896	4,098	-798	-16.3
총 계	615,147	622,373	127,086	111,612	-15,475	-12.2

---

3) 경기도 김포시 통진읍 마송중학교. 지난 2010년 개교한 마송중에는 학생이 1~3
학년을 통틀어 85명이다. 5개 층엔 총 29개 교실이 마련됐지만, 이 중 1·2·5층

결론적으로 교육의 국가 독점적인 구조는 공정거래법상으로도 가장 근본적인 문제임이 분명하다. 그래서 자유 대한민국은 '교육의 자유가 없는 나라'라고 선언할 수밖에 없다. 교육에 관한 한 국가가 교육 예산, 교육기관 운영, 교육 내용 편성, 교사 임명, 교과서 제작 등 교육 전반에 대해 법규로 통제하고, 그 최종적인 권한을

의 10개만 교실로 사용 중이다. 4층 전체는 아예 '창고'로 변했다. 각 교실엔 비닐도 안 뜯긴 책상과 의자가 40~50개씩 쌓여 있었다. 3층은 보드게임실, 탁구실, 바둑·장기실 등 놀이 공간으로 바뀌었다. 경기도교육청은 지역 개발 사업으로 인구가 1만6,000명 가량 증가할 것이라 보고 267억 원을 들여 815명의 학생이 다니는 규모로 2010년 이 학교를 지었다. 그러나 지역 개발 계획만 보고 성급하게 학교부터 덜컥 짓는 바람에 현재 이 학교는 5년이 지났지만, 당초 예상의 10분의 1 수준인 85명만 재학 중이다. (중략) 경기도교육청은 이 지역 개발 사업으로 인구가 증가해 815명의 학생이 다닐 거라고 생각하고 267억 원을 들여 2010년 학교를 지었지만, 현재 이 학교 재학생은 10분의 1인 85명에 불과하다. (장련성 조선일보 객원기자) 조선일보가 '누리 과정 예산을 편성할 여유가 없다'는 경기도교육청의 최근 예산 운용 실태를 살펴보니 마송중을 비롯해 2010~2012년에 문을 연 신설 학교 7개교의 학생 수용률이 계획 대비 평균 31.1%에 불과한 것으로 나타났다. 이 학교들에선 10개 교실 중 7개는 놀고 있는 셈이다. 이 7개 학교엔 공사비 1,806억 원과 운영비 488억 원 등 총 2,294억 원이 투입됐다. 교육부 관계자는 "지역 개발 계획이 예상과 달리 지연되면 학교 건립 계획을 뒤로 늦추든지 규모를 줄였어야 한다"면서 "(경기도교육청이) 이 같은 사후 조치를 전혀 하지 않아 결과적으로 예산을 낭비한 것"이라고 말했다. 매입한 학교 신설 부지가 아예 '노는 땅'으로 전락한 경우도 있다. 2002년부터 2008년까지 경기도교육청이 350억 7,560만 원을 들여 매입한 학교 부지 6곳(7만967㎡)은 현재 허허벌판이거나 해당 지역 공공 기관 주차장으로 쓰이고 있다. 지역 개발 계획이 바뀌어 학교를 지을 필요가 없어졌는 데도 빨리 땅을 매각하지 않고 방치해 예산이 부동산으로 묶여버린 것이다. 2012년과 2014년 사이에는 재고 기준 없이 교과서를 샀다가 남아 76

정부(교육부)가 행사하고 있다. 교육감이나 학교장은 국가가 정해 준 기준에 따라 교육을 하는 사람일 뿐이다.

학교 설립의 자유는 교육 다양성을 이끄는 시발점이다. 탈근대 시대를 위한 교육 운동은 학교의 울타리를 넘어서야 한다. 그래서

억 원 어치를 버렸다. 5만5,000권을 주문한 경기도 용인의 한 초등학교는 이 중 1만1,700권을 쓰지 않고 버렸다. 이 같은 낭비 사례는 작년 3월과 12월 감사원 감사에서 적발됐다. 이재정 경기교육감 등 일부 진보 성향 교육감은 그간 "누리 과정 때문에 교육청 빚이 엄청나게 불어났다"며 "내국세의 지방교육재정교부금 비율을 20.27%에서 25.27%로 올려야 위기를 벗어날 수 있다"고 주장했다. 그러나 이런 식으로 세금이 줄줄 새는 현장을 방치한 채 무조건 정부로부터 지원만 더 받으려는 것은 무책임하다는 지적이다. 한 지방교육재정 전문가는 "시도 교육청에선 무조건 예산만 더 달라고 할 것이 아니라 예산 수립과 집행까지 꼼꼼히 따져 새는 돈이 없도록 해야 한다"며 "사후 감시도 더욱 철저하게 해 낭비 사례가 생기지 않게 일단 조치한 뒤 그래도 구멍이 난다면 정부에 지원해달라고 해야 맞다"고 했다. 교육청 측에서 "경직성 경비라 줄일 수 없다"는 교사 인건비도 "다이어트를 해야 한다"는 필요성이 제기되고 있다. 경기도교육청은 2009년부터 2014년까지 교사 육아휴직 기간을 잘못 계산해 2,635명에게 약 35억 원의 수당을 초과 지급했다. 경기도 기간제 교사로 재채용된 일부 명예퇴직교사의 경우 급여 호봉 상한이 14호봉으로 제한돼 있는데도 이보다 몇 호봉을 더 얹어 지급받은 경우도 있다. 경기도의회는 2014년 11월 행정사무 감사를 통해 이런 식으로 과다하게 급여를 받은 사람이 134명으로 모두 3억1,000만 원에 이른다고 밝혔다. 이 외에도 감사원은 작년 3월 발표한 감사를 통해 "경기도교육청이 수석교사 등의 수업보충이나 과다 배정한 정원을 충당하려고 6186명의 기간제 교사를 임용했다"고 밝혔다. 교육부는 "경기도의 경우 학생 수가 187만 명(2012년)에서 184만 명으로 줄었는데 교육공무원 수는 같은 기간 1만2,084명에서 1만2,324명으로 느는 등 인력이 비효율적으로 운영되고 있다"며 "정원 외 기간제 교사도 5,000명 정도 편법 임용돼 2,000억 원의 인건비가 추가 집행된 것으로 추정된다"고 말했다. 조선일보 뉴스(2016.01.25).

무엇보다 자유학교는 각각 자체의 교육 목표와 교육 과정을 가지고 운영되어야 하며, 이에 대한 정부의 간섭은 전혀 없어야 한다.

우리나라에도 자율적 교육 과정을 가진 비인가 대안학교가 있지만, 학력 인정이 되지 않아 상급 학교에 진학하기 위해서는 검정고시를 봐야 한다. 물론 학력이 인정되는 정부인가 대안학교도 있지만, 이 경우 상당 부분 정부의 간섭이 이루어진다.

덴마크의 자유학교는 이러한 제한이 전혀 없다. 국민이 선택 가능한 하나의 교육 방식으로 인정되는 것이다. 덴마크의 학교법은 "학부모와 교육에 대한 권리를 가진 사람들은 공립학교 교육에 상응하는 수업을 스스로 시킬 수 있는 한, 학교에 보내야 할 의무가 없다."고 규정함으로써 교육 방식 선택의 자율성을 폭넓게 보장하고 있다.

자유학교법이 통과되고 시행된다고 해서 공교육이 일시에 불필요한 것은 아니라고 본다. 오히려 상호 보완적인 관계에서 공존이 가능하다. 특히 많은 학원들이 자유학교로 전환하여 사교육이지만 공공성을 회복하게 될 것이라고 본다. 이를 위해 공공학교를 통해서만 분배되는 교육 예산이 바우처 형태로 학생들 개개인에게 주어지면 비로소 학부형이나 학생들의 자율적 학교 선택권 혹은 교육 선택권이 권리를 확보하게 될 것이다.

1. 허가제에서 신고제로 변경하자는 취지는 교육의 자유성, 즉 학교와 학제를 선택할 수 있게 한다는 점에서는 환영한다. 이는 덴마크를 비롯한 구미 선진 교육 강국에서는 이미 자유학교(프레스콜라) 운동으로 이미 제도화·법제화되어 있기 때문에 학교 선택권을 인정한다는 점에서는 더욱 강조되고 보완되어야 한다.

2. 대안학교의 법적 지위 보장과 세제 혜택의 문제도 의무교육 아동과 청소년의 지위 향상 및 학업 선택의 자유를 보장한다는 점에서 환영하며 반길 만하다.

3. 하지만 여전히 걸림돌로 남는 것은 학교를 통한 지원이나 교육부나 교육청을 통한 관리 및 간섭의 문제는 원래의 취지인 교육 선택권의 자율성과 교육 과정의 자율성을 침해할 우려가 있어 이를 다음과 같이 보완하기 바란다.

보완점

1. 대안학교의 설립과 운영을 등록제에서 기존 사설 학원과 같이 환경 기준(소방법, 다중시설이용법) 등 최소한의 법적 요건을 충족하면 설립을 자유롭게 해야 한다. 기존 검정고시 학원 정도

의 수준이면 충분히 대안학교 설립을 허락하여야 한다.

2. 교사 선택권의 자유를 보장해야 한다. 특히 기독교 학교의 경우 신앙 중심의 특성화 교육을 선호하기 때문에 양질의 교사를 확보하려면 이의 선택권을 학교장에 주어 자유롭게 선택하게 하되, 교사 자격증 유무를 강제하지 않아야 한다.

3. 대안학교를 지원하되, 일률적으로 지원할 것이 아니라 미취학 아동 개개인의 교육 의무를 충족할 수 있도록 대략 월 50만 원 내외의 교육비를 지원하는 바우처 형태로 지원해야 한다. 50만 원 안에 학습비, 도서비, 급식비 등을 포함해 고등교육을 마칠 때까지 지원하면 학생들 스스로가 교육기관을 선택하여 원하는 교육을 완성할 수 있을 것이다.

4. 끝으로 대안학교에 대한 관리 감독은 교육부나 교육청이 아닌 (가칭) 대안학교연합회에서 자율적으로 규율을 정하고 시행할 수 있어야 한다. 미국의 학교위원회와 대학교육협의회와 같은 자율기관들이 관장하고 규제하도록 할 때 국가의 간섭을 최소한 할 수 있을 것이다.

5. 끝으로 대안교육이 진행될 수 있도록 대안교육 지원과를 두어 연구 및 발전을 꾀할 수 있도록 보완되었으면 한다.

대안이 아닌 대의를 위해

대안이라는 소극적 자세를 버리라

대안교육을 넘어 시민으로서의 자율성 교육을 위해 자유학교의
실시는 불가피하다. 우리의 역사에는 묘하게도 수레바퀴적인 순환
성이 있다. 미션스쿨 설립은 20세기 초 이 땅을 휩쓸었던 유일한
대안이었다. 꺼져가는 국가의 운명을 교육이라는 씨앗에 걸고 수
많은 학교들이 세워졌는데, 그 학교 설립 붐이 21세기 초에 또다시
일고 있다는 점이다. 2000년 이후 자천타천으로 문을 연 대안학교
가 3백여 개가 넘는다.

한 교육 운동가의 표현에 따르면 "20세기 초에는 쓰러져가는 나라를 일으키고자 학교를 세웠다면, 21세기에는 그 학교에서 쓰러져가는 아이들을 위해 다시 새로운 학교를 만들고 있는 셈"이다.

그런데 학교가 세워지는 양상을 보면 과거의 판박이라는 점이 아이러니하다. 20세기 초 학교 설립의 주체는 크게 세 흐름으로 나눌 수 있다고 전문가들은 말한다. 무엇보다 먼저 배재학당·이화학당·경신학당 등을 만든 미국 선교사들, 오산학교 등을 만든 민족주의자들, 그리고 육영공원 등 관립학교를 만든 정부를 꼽을 수 있다. 이러한 결과 1910년의 한 조사에 따르면 기독교 계열의 학교가 1,000개가 넘었다고 한다. 그리고 6.25가 일어난 1950년대에는 5,000개의 교회가 주도하는 학교들이 운영되었다고 장신대학교 논문에서는 밝히고 있다.

아무튼 식민지를 경험한 국가 중 근대화에 성공한 대표적인 사례로 꼽히는 한국의 경우 근대 학교는 표준화된 인적 자원을 양성하여 근대화 과정에 결정적인 공헌을 했다고 볼 수 있다. 이 과정에서 민간 교육기관과 국가 교육기관의 차이는 거의 없었다고 봐도 과언이 아니다. 그런데 오늘의 현실에 대한 문제 의식에서 21세기에 새로운 교육을 추구하는 운동이 활발히 일어났다. 소위 대안교육 운동이라 이름하는 것들이다.

그런데 이 흐름이 점점 더 탄력을 받으면서 국가가 대안교육을 실시하는 쪽으로 가고 있다. 이는 여전히 교육 당국이 교육의 주체가 되고 있을 뿐이다. 교육의 주체는 학생들이며 또한 학부형이다. 그리고 철저하게 선생님들이 주도해야 한다.

하지만 국가는 교육 균등 기회라는 미명하에 엄청난 국가 예산을 자기들의 잣대로 거두고 사용해 왔으며, 여전히 그것의 독점을 꾀하고 있다.

다양한 교육의 실시와 교육 방법의 혁신을 위해 지난 20년 동안 새롭게 문을 연 대안학교들의 절반 이상이 기독교를 배경으로 하고 있으며, 상당수는 교회에서 직접 설립한 학교들이다. 비인가 기독 대안학교 수는 3백여 개에 이른다. 이 중 100여 개는 대형 교회와 연계된 학교들로서 사실상 종립(宗立) 사립학교로 봐야 할 것이다. 국가로부터 재정 결함 보조금을 지원받지 않는 순수 사립학교들인 셈이다. 미국의 명문 사립학교들과 비슷한 양태라고 할 수 있다.

그런데 문제는 국가로부터 재정적인 도움을 전혀 받지 못하다 보니 과다한 수업비와 시설비가 고스란히 학부모들의 재정적인 부담으로 돌아가게 된다. 이 나라의 국민으로서 여기저기에 부가되는 교육세를 내고 있지만, 단지 제도권 안에 들어가 있지 않다는 이유 때문에 납세자로서의 권리를 찾지 못하고 있는 것이다. 이를 해결할 방안이 자유학교법의 제정이며 실시이다.

결론부터 말하면, 탈근대 시대를 위한 교육 운동은 학교의 울타리를 넘어서야 한다. 제도 학교의 대안으로서 뚜렷한 실체를 갖고 있어 사회적 주목을 끌고 있지만, 탈학교사회의 관점에서 볼 때 대안학교 또한 학교 울타리에 갇히는 한계가 없지 않다. 현재 우리는 학교 안팎의 다양한 교육 문화 운동이 서로 영향을 주고받으면서 국가 주도의 근대 교육을 넘어서 공동체를 살리는 교육 문화를 구현해가야 할 역사적 시기에 와 있다.

자유학교 정신을 배우라

우리나라는 '교육공화국'이라 불릴 정도로 뛰어난 교육열을 자랑함에도 불구하고 개인적·사회적으로 교육에 쏟아 붓는 온갖 자원만큼의 효과를 거두고 있는가에 대해서는 대체로 부정적이다. 이는 우리 사회에서 '교육'이란 것이 그 사전적 의미, 즉 "사회생활에 필요한 지식이나 기술 및 바람직한 인성과 체력을 갖도록 가르치는 조직적이고 체계적인 활동"이라기보다는 신분 상승이나 안정적 사회적 지위를 얻기 위한 하나의 도구가 되었기 때문이다.

이제 교육은 바람직한 사회생활을 위한 기초라기보다는 개개인의 생존을 위한, 나아가 남보다 우월한 생존적 지위를 획득하기 위한 도구가 되었다는 것을 부정하기 어렵다. 그리고 그 결과는 다들 알다시피 계급처럼 낙인찍히는 서열화 된 학벌과 아이들을 죽음으로까지 몰아넣는 입시 경쟁, 경쟁의 스트레스를 폭력이나 왕따와 같은 비인간적 행위로 풀고 있는 아이들이다. 청소년 자살의 제1원인이 교육인 사회, 사회에 나가기 위한 기초를 닦아주는 곳이 오히려 사회를 포기하게 만드는 현실. 도대체 무엇이 문제인가? 도대체 어디서부터 잘못된 것이며, 어떻게 바꿔나가야 할 것인가?

이러한 의문들이 자연스레 다른 나라로 눈을 돌리게 만든다. 특히 우리나라처럼 교육 문제가 심각한 사회 문제가 되고 있는 상황이라면, 어느 나라건 성공적인 교육 모델을 보여주는 모델을 찾아 그들의 방법을 잘 살펴볼 필요가 있다. 그래서 덴마크라는 하나의 모델을 중심으로 자유학교법 제정을 외치고 있는 것이다.

덴마크 교육 체계의 특이한 점은 무엇보다 자유학교(Friskole)라고 부르는 대안적 성격의 학교가 대단히 활성화되어 있다는 것이다. 자유학교란 무엇인가? "자유학교는 다양한 유형의 민간 교육기관을 가리킨다. 정부의 교육정책에 영향 받지 않고, 자체 교육철학과 목표에 따라 교육 과정을 운영하는 대안학교이다." 각각의 학교가 나름의 교육 목표를 가지고 그에 따른 교육 과정을 운영할 수 있다는 점에서 겉보기엔 우리나라의 대안학교들과 비슷한 측면이 있다.
그러나 세세한 부분으로 들어가면 그 차이가 드러난다.

간섭하지 않는 것이 돕는 길

무엇보다 자유학교는 각각 자체의 교육 목표와 교육 과정을 가
지고 운영되며, 이에 대한 정부의 간섭은 전혀 없다. 우리나라에도
자율적 교육과정을 가진 비인가 대안학교가 있지만, 학력이 인정되
지 않아 상급 학교에 진학하기 위해서는 검정고시를 봐야만 한다.
물론 학력이 인정되는 정부인가 대안학교도 있지만, 이 경우 상당
부분 정부의 간섭이 이루어진다. 덴마크의 자유학교는 이러한 제한
이 전혀 없다. 국민이 선택 가능한 하나의 교육 방식으로 인정되는
것이다. 덴마크의 학교법도 "학부모와 교육에 대한 권리를 가진 사
람들은 공립학교 교육에 상응하는 수업을 스스로 시킬 수 있는 한,
학교에 보내야 할 의무가 없다."고 규정함으로써 교육 방식 선택의
자율성을 폭넓게 보장하고 있다.

교육의 자율성이 인정되다 보니 기존의 교육 방식과는 사뭇 다
른 교육이 이루어진다. 학생의 자발성과 능동적 참여 그리고 공동
체성을 함양하기 위한 다양한 방식의 혁신적 교육 실험이 가능해

진다. 이러한 실험들은 학생에 대한 신뢰를 바탕으로 이루어진다.
"근본적으로 아이들은 세계를 탐구하고 발견하며, 그것에 대해 배
우고 이해를 발전시키려는 호기심과 욕구를 가지고 있다. 무엇보다
도 아이들은 교사들이 알고 있는 섯과는 또 다른 많은 차원에서 그
들이 행하고 스스로 발견한 것으로부터 세상을 배운다." 뿐만 아니
라 교사의 역할도 달라진다. "이곳에서는 교사 또한 학생처럼 불완
전한 이들이며, 실수와 경험을 통해서 배우는 존재로 본다. 교사는
학생들이 경험해야 할 것을 앞서 경험한 덕분에 얻은 노하우를 공
유하고 기획할 뿐이다. 교육이라는 테두리 안에서 우리의 삶을 바
꾸게 하고 영향을 끼치는 것은 인간이지 책과 자격증이 아니지 않
는가!" 학생의 자발성과 잠재력을 존중하고 교사와 학생이 서로 동
등한 교육 주체로 상호 작용하는 교육. 이것이 바로 덴마크의 자유
학교가 만들어가고 있는 대안적 교육의 모습이다.

기본적인 요건만 갖추면 학교다

　서당을 생각해 보자. 제주도에 가면 추사 김정희 선생의 유배지
가 있다. 추사는 1840년 그가 55세가 되던 때 윤상도 옥사 사건으
로 제주도에 유배된다. 그가 제주로 출발한 곳은 강진이었다. 해 뜰

때 출발해서 저녁놀이 있을 때 도착했다고 하니 모두 놀랐다고 기록하고 있다. 그리고 제주의 별도포에 도착하여 대정현에 배소된다. 왜 하필 강진포를 이용했을까.

그의 호송관은 의금부도사 김오랑이었다. 추사는 약 9년간 제주 체류를 통해 제주에 실학의 학풍을 전하고, 제주도 교육의 질적 변화와 학풍에 많은 영향을 미치게 되어 근대 제주의 학문적 기반을 완성하게 하는 계기를 준 것으로 보고 있으나, 이는 사실과 다르다고 보는 사람들이 적지 않다.

그는 개인적으로 제주 유배를 통해 '추사체'를 완성하고 '완당집'을 편집하는 등 인생 후반기의 중요한 시기를 보내고 마지막으로 '세한도'라는 명작을 후세에 전했는지는 모르나, 실제 주민들과 교류는 많지 않았다고 한다.

그런데 추사를 만나기 위해 제주에 두 번이나 갔던 고모의 아들 민규호는 다른 사실을 쓰고 있다. 그의 《소전》이라는 문집에 당시 추사의 유배지 풍정을 다음과 같이 기록하고 있다.

"귀양 사는 집에 머무니 멀거나 가까운 데로부터 책을 짊어지고 배우러 오는 사람들이 장날같이 몰려들어서 겨우 몇 달 동안에 인문이 크게 개발되어 문채는 한양풍이 나게 되었다. 곧 탐라의 거친 풍속을 깨우친 것은 공으로부터 비롯된 것이다."

마치 추사가 제주에 새로운 서원을 만든 것 같은 느낌이 들기까지 한다. 또 김정희의 제자가 3천 명이라는 말이 있다. 그들의 신분 계층은 양반 사대부에 한정하기보다는 오히려 하층 계급을 폭넓게 수용했다고 한다. 당시의 제주도 유생들에게 경서와 서도, 그리고 천문 및 산수학 등 실학을 접할 수 있도록 상당한 영향을 주었다.

그런데 추사 유배지인 추사기념관을 가보면 학교라고 하기에는 너무나도 초라한 초가 세 칸이다. 하지만 좋은 선생 한 분이 가니 제주도에 새로운 학풍이 형성되어버린 것이다.

이한진이라는 청년은 추사가 제주도로 유배되자 가장 먼저 달려간다. 그는 20대였다. 뛰어난 학문적 자질을 가진 유배객인 추사가 재기 넘치는 젊은이를 만나 가르치는 보람을 갖게 되었다. 이것이 학교가 아니고 무엇인가.

일제 강점기 초기까지 서당은 교육을 담당하는 기초 기관이었지만, 1918년 2월, 조선 총독부에서 서당 규칙을 공포하면서 규제와 제약으로 일시 중단되었다.

서당은 자유학교의 한국적 원형이다

서당교육의 역사적 기원을 어떻게 설정할 것인가에 대해서는 아직 뚜렷한 정설이 없다. 논자에 따라서는 고구려 시대의 경당(扃堂)과 같은 학교 제도를 서당 육의 출발로 이해하기도 한다.

고구려에서는 372년(소수림왕 2)에 태학(太學)을 세워 관학교육(官學敎育)의 출발로 삼는 한편, 민간 교육기관으로서 경당을 두었다.

신라에서도 설총(薛聰)이 경서(經書)를 이두로 풀어서 제생(諸生 : 여러 학생)을 가르쳤다고 하였으니, 그가 가르친 곳이 사숙일 가능성이 짙고, 이 또한 서당교육의 연원의 하나가 될 것으로 보인다. 고려 시대는 경관(經館)과 서사(書社)라는 서당 형태의 교육기관이 있었던 것으로 전해진다.

서당의 사회적 의미가 증대한 것은 16세기 사림파의 등장과 시기를 같이 하는 것으로, 중종대 사림파의 향약보급운동과도 일련의 연관성을 지닌다.

16세기 서당 설립의 주도 세력은 대부분 당시 향촌 사회에 강력한 영향력을 지녔던 명문사족 출신인 대토지 소유자였다. 예를 들면 안동의 의성 김씨(義城金氏) 가문, 고평(高坪)의 청주 정씨(淸州鄭氏) 가문, 의성의 함양 박씨(咸陽朴氏) 가문 등이 그 전형적인 사례들이다.

당시 서당 설립의 주도 세력의 신분은 입사(入仕 : 벼슬한 뒤에 처음으로 그 벼슬자리에 나감) 이전의 생원·진사들이 주류였고, 설립의 명분은 대체로 반상(班常 : 양반과 상사람) 구별을 비롯한 유학적 질서율을 향촌사회에 정착시키려고 하는 데서 찾고 있다.

서당의 교육 내용은 고급 성리서(性理書)를 위주로 하거나 과거 응시를 목적으로 하는, 이른바 고제적 서당(高弟的書堂)의 성격을 띠고 있다.

한편 서당의 설립은 관(官)의 지원을 최대한 배제하고, 경내 백성들의 공동체적 일체감 속에서 민간 자산으로 이루어졌다. 그리고 양란 후 17세기에 들어서면서 사족들은 약화된 재지 기반을 강화하는 방안으로 서당을 중심으로 관권 및 외부 사림과의 결합을 시도하였다.

자유로운 것이 자연스러운 것이다

서당은 사림의 초등 교육기관으로서 설립에 필요한 기본 재산이나 법적인 인가를 요하는 것이 아니었으므로 존폐가 자유로웠다. 필요에 따라 뜻있는 사람이면 누구나 서당을 유지·경영할 수 있었다.

서당의 종류는 크게 네 가지로 구분할 수 있다.

사숙 또는 독서당(讀書堂)의 유형·동계서당(洞稧書堂)의 유형·훈장의 자영서당(自營書堂)과 문중연립서당(門中聯立書堂)이 그것이다. 이는 각 마을의 재능있는 청년 자제를 선택하여 교육시키는 고급 서당이었다.

교육 장소는 인근의 서원이었으므로 서당 교육과 서원 교육이 연결되는 성격을 지녔다. 이들의 교육 기간은 연중 개설 학교가 아니라 거접(居接 : 잠시 몸을 의탁해 거주함) 또는 하과(夏課 : 사림의 학도들이 여름에 모여 공부하는 것)와 같은 특별 교육 활동이 주가 되었다. 이러한 서당의 인적 구성은 훈장·접장(接長)과 학도로 이루어졌다. 접장은 오늘날의 조교와 같은 성격을 지닌 일종의 보조 교사였다. '접'이란 원래 '무리'라는 뜻을 지녔지만, 서당에서는 동급의 학도를 지칭한다. 고려 시대의 사학(私學)인 도(徒)에서 접장 제도가 발달하였다.

접장 제도는 비교적 규모가 큰 서당에서 훈장 한 사람으로는 많은 학도를 일일이 가르칠 수 없을 경우, 학도 가운데서 나이와 지식이 많은 자를 뽑아 '접'의 장으로 세웠는데, 큰 서당에서는 접장의 수가 두세 명도 되었다.

이때 접장의 보수는 무료였지만 학비가 면제되기도 하였다. 서당의 학도(또는 학동)는 7~8세에 입학하여 15~16세에 마치는 것이 보통이었으며, 20세가 넘는 경우도 많았다.

성별로는 남학생 위주의 교육이 원칙이었고, 여자를 위한 규방 교육의 서당이 가숙(家塾)의 형태로 이따금 설립되기도 하였다. 여자

를 위한 서당 교육이 보편화되기 시작한 것은 일제 강점기의 개량
서당이 보급되면서부터이다.

서당 교육의 내용은 강독(講讀)·제술(製述)·습자(習字)의 세 가지
였다. 강독의 교재는 기초직인 동몽교재(童蒙教材)인《천자문》·《동
몽선습(童蒙先習)》·《통감(通鑑)》및 사서(四書) 삼경(三經)과 부교재격인
《사기(史記)》·《당송문(唐宋文)》·《당률(唐律)》등이 있는데, 대개는《통
감》정도에서 그쳤다. 조선시대 중엽 이후로는 우리나라의 독자적
인 동몽교재의 개발과 보급이 서당에서 교육용으로 사용되기도 하
였다.

서당의 교수 방법은 강(講)이 주된 것이었다. '강'이란 이미 배운
글을 소리 높여 읽고 그 뜻을 질의 응답하는 전통적인 교수 방법이
다.

강(講)을 하고 난 뒤에 전개되는 질의 응답은 기계적인 기억에 빠
지기 쉬운 함정으로부터 건져주었으며, 또 1 대 1의 대면(對面)학습
이기 때문에 능력별 수업이 가능하였고, 교사와의 인격적인 교류가
이루어지기도 하였다.

조정에서는 서당에 관한 여러 가지 진흥책을 폈으나, 조선 시대
말기에 이르러서는 점차 교육 내용이 부실하고 형식에 그치게 되었
다. 일제 통치자들은 서당 교육이 민족교육 내지 민족의식을 앙양

시키는 온상으로 보아 갖은 탄압책을 실시하였는데 대표적인 것이 1918년에 공포된 "서당규칙"이다.

일제 총독부의 통계에 의하면 1911년 3월 말 현재 서당 수는 1만6,540개 소였으며, 학동 수는 14만1,604명이었다고 한다. 그리고 1918년 8월 총독부가 "서당규칙"에 따라 각 서당이 보고한 것을 수합하여 발표한 《서당상황》에 의하면, 당시 서당 수는 2만4,294개 소, 학동 수는 26만4,835명이었으나, 1921년 서당 수가 2만5,482개 소, 학동 수가 29만8,067명으로 증가되었다는 통계도 있다.

그러나 1922년을 기점으로 해마다 감소되어 1930년에는 서당 수 1만36개 소에 학동 수는 15만892명, 1940년에는 서당 수 4,105개 소에 학동 수는 15만8,320명으로 되었다. 광복 후 "교육법"이 제정됨에 따라 학제가 정비되면서 점차 소멸되었으며, 서당의 교육기능 역시 학교로 이전되었다.[4] 현재는 겨우 명맥만을 유지하고 있다.

좀 색다른 면은 학원이나 대안학교는 기숙을 불법으로 규정하고 있으나, 서당은 그런 관련 규정이 없다는 이유로 자유롭다.

---

4) 한국학중앙연구원. 한국민족문화대백과.

왜 국가가 학교를 통제하는가

자유 속에 자율을 배운다

덴마크에서는 기본적인 요건만 갖춘다면 학부모들을 비롯한 교육의지를 가진 주체들 누구나 이런 자유학교를 자유롭게 설립할 수 있다.

학교가 설립되면 정부는 학교 운영비의 약 75% 가량을 지원한다. 교육 과정에 대한 간섭은 전혀 없으며, 선생님들 또한 반드시 교사 자격을 가진 사람일 필요도 없다.

정부가 운영비를 지원하는 만큼 운영비 사용에 대한 감사가 이

루어지기는 하지만, 이 감사 주체 역시 정부기관이 아닌 학부모들
이 선출한 사람에 의해 이루어진다. 철저하게 교육 수혜자를 중심
으로 운영되고 있는 자유학교는 덴마크 전역에 260여 개가 있으
며, 전체 의무교육 대상자의 약 13%를 책임지고 있다.

얼핏 보기엔 납득이 되지 않는다. 뜻 맞는 몇몇이 모여 학교를
만들고 애들을 가르칠 테니 지원해 달라는 요구를 어떻게 정부가
받아들일 수 있는가? 이를 이해하기 위해선 자유학교의 기원을 알
아야 할 필요가 있다.

자유학교와 풀뿌리 운동

덴마크의 자유학교는 덴마크 사회를 근본적으로 뒤바꾼 풀뿌리
운동과 함께 시작되었다. 19세기 중엽 이래 스스로의 문제를 스스
로 해결해 보겠다는 민중들의 의지가 종교, 교육, 정치, 경제 등 제
반 분야에 걸쳐 활발하게 형성되었고, 스스로 학교도 만들기 시작
했다.

"당시 지역에 있는 대부분의 학교들은 좋은 평가를 받지 못했다.
부모들은 자기 아이들에게 무엇이 좋은지를 판단했다. 지역의 공립
학교가 좋으면 전폭적으로 신뢰했지만, 그렇지 못할 경우에는 스스

로 학교를 세웠다."

물론 이러한 운동에는 덴마크 교육의 선구자로 불리는 니콜라이 그룬트비와 크리스튼 콜과 같은 인물들의 역할이 매우 컸다. 생각해 보라, 근원없는 결과가 어디 있으며 씨앗없이 열매는 어떻게 거둘 수 있겠는가? 성경에서 예수님이 말씀하셨듯이 "한 알의 밀알이 땅에 떨어져 죽어야 많은 열매를 맺는다."고 하신 것처럼 그룬트비 목사님의 선각자적인 희생과 헌신이 오늘의 덴마크와 다양한 자유학교 운동의 기초가 된 것이다.

자유학교의 법적인 토대

민중들의 자발적 의지를 실현하려는 운동은 그들의 새 헌법에도 반영되었다. "덴마크에서는 민주주의 도입 초기부터(최초의 민주주의 헌법이 제정된 1894년을 기점으로) 소수자의 민주주의 정신을 헌법에 우선으로 반영했다. 특히 그룬트비와 그의 친구들은 이 헌법의 도입을 위해 치열하게 투쟁했다.

이들은 소수자들이 다수자에 반하여 생각하고 행동할 권리가 있다고 주장했을 뿐 아니라, 다수자(국가)로 하여금 소수자의 견해가 실현될 수 있도록 재정 지원을 할 것을 요청했다." 결국 자유학교가 하나의 제도로서 덴마크 교육 체계 내에서 자리 잡을 수 있었던 이유는 민중들의 자발성과 이를 보장하고 있는 덴마크 헌법이 가지고 있는 '소수자들의 민주주의'라는 정신에서 비롯되었다고 보는 것이 타당할 것이다.

나아가 이러한 헌법 정신은 자연스레 민주적 시민 사회를 형성하는 기틀이 된다. "덴마크 곳곳은 개개인들의 사적인 영역과 지방 정부라는 공적인 영역이 만나 협력하면서 건강한 시민 사회로 발전합니다. 민주 사회의 살과 피가 되는 에너지는, 사적인 개인의 능동적인 참여를 공적인 영역에서 지원해줄 때 실현되며 민주주의 이념의 토대가 됩니다." 에기디우스 교수의 말이다. 그의 말에선 어떤 자부심이 느껴지기도 한다.

최근 방영된 학교 폭력을 다룬 〈학교의 눈물〉이라는 프로그램도 동일한 결론을 말해 준다. 학교는 사회의 거울이다. 우리 사회를 살기 좋은 곳으로 만들지 않는다면 학교는 결코 아이들에게 좋은 곳이 될 수 없다. 어른들의 책임이 크다.

덴마크의 오덴세 자유학교를 가보니

여기서 대전일보의 기사(2011.12.14)를 인용해 본다.

토론·놀이교육… 꿈나무 재능 꽃피운다

덴마크 제3의 도시인 오덴세 시. 오덴세 자유학교는 인구 18만 명에 38개의 국공립학교와 11개의 다양한 자유학교가 시내 중심부에 위치해 있다. 오전 10시쯤 학교에 도착했다. 가장 먼저 눈에 띈 것은 건물 입구에서 의자를 가지고 무언가 재미있는 놀이에 빠져 있는 4~5명의 학생과 그 옆에는 심각한 듯 대화를 나누는 2명의 학생들이었다.

"수업 시간이지만 친구가 아침을 너무 많이 먹어 배부르고 졸리다고 해서 선생님께 말씀드리고 나와서 의자오르내리기 운동을 하는 거예요. 옆에 있는 친구들도 선생님께 수업 중 외출을 허락받았다는데, 아마도 둘 만의 비밀 얘기를 나누는 것 같은데요?"

건물로 들어서는 순간 또다시 놀라지 않을 수 없었다. 실내 구조부터 한국의 평범한 학교와는 사뭇 달랐다. 1층 중앙에는 200명 넘게 앉을 수 있는 실내 광장이 있고, 한쪽에는 식당 겸 카페테리아가 자리잡고 있으며, 반대쪽에는 교실이 늘어서 있다. 교실부터 식당에 이르는 복도 곳곳에 배치된 간이의자와 책상에는 학생들이 삼삼오오 모여 앉아 열띤 토론 중이다.

13살인 캐럴 양은 "지금 우리 반은 역사 수업 시간이에요. 오늘의 주제가 '그리스 신화'인데, 특히 '여신'에 대해 관심이 많은 친구들만 여기 광장에 나와서 우리끼리 연구하는 거예요. 선생님은 교실과 이곳 광장을 수시로 오가며, 모두를 지도해주고 계시죠."라고 설명했다.

캐럴 양이 속해있는 반을 찾아가 보니 교실에서도 토론식 수업이 한창이다. 교사가 특정 신에 대해 언급하면, 학생들은 곧바로 그 신과 관련된 궁금증을 쏟아내고, 답 역시 교사가 아닌 동료 학생들이 서로 가르쳐준다. 교사는 그저 관찰자이자, 안내자일 뿐이다.

이같은 자기 주도적 학습은 고학년만의 특권이 아니다. 이 학교에는 6세에서 17세에 이르는 유아부터 청소년까지 총 490여 명이 재학 중인데, 나이어린 학생들도 스스로 공부할 것을 선택해야 한다. 8세 반 교실을 방문했다. 3명의 교사와 10여 명의 어린이들이 둘러앉아 있고, 그 가운데에는 수많은 동화책들이 널려 있다. 어린이들은 이 중에서 자신이 읽고 싶은 책을 스스로 골라야 한다. 다만 어린이들이 책을 고르면서 수시로 교사들에게 책 내용 등에 대해 물어본다. 어린이들은 교사의 말을 참고해 스스로 읽고 싶은 책을 고른 뒤 다음 수업 시간까지 자신이 선택했던 책을 읽고, 친구들에게 이야기해야 한다.

막내인 6세들도 마찬가지다. 학교 한 켠에 위치한 놀이터에 모여서 저마다 자기가 좋아하는 놀이기구를 타고 있다. 놀이기구를 타는 순번은 저희들끼리 정한다. 심지어 놀이기구를 응용한 게임을 그들 스스로 만들어내 즐기기도 한다. 3명의 교사는 멀찌감치 서서 이를 바라보고 서 있을 뿐이다.

교사 피오나 씨는 "교사들은 개입을 최소화해요. 저희들끼리 싸우거나, 아이들이 창작한 놀이에 규칙을 정하면서 그들이 스스로 하기 어려워 도움을 요청하면 그때 개입하는 거죠. 학교는 그들의 세상을 안전하게 키워주는 울타리일 뿐입니다."라고 말했다.

역사가 132년이나 된 오덴세 자유학교는 덴마크 대안교육의 선구자인 '그룬트비'와 '콜'의 전통을 가진 학교로, 대도시에 위치한 몇 안 되는 학교 중 하나다. 특정한 이념이나 교육학적 원리에 따라 운영되는 학교가 아니라, 그룬트비와 콜의 정신에 고취뒤 주민들 스스로의 노력에 의해 세워진 학교다.

이 학교는 세대를 이어 전해 오는 살아있는 전통을 가지고 있는데, 이를 이해하려면 학교 안에서 진행되는 일에 학부모들도 적극적인 관심을 가져야 한다. 따라서 학생, 교사, 학부모는 자주 만나야 하며, 학부모는 학교 일에 참여할 수 있고, 또 참여해야만 한다. 그렇다고 학부모들이 마음대로 학교 일을 좌지우지할 수는 없다. 학교 공동체의 과제는 학교의 전통과 근본 입장을 굳건히 지키고, 학교를 발전시켜야 하기 때문이다.

학교장인 피터 몬드랍 씨는 "학부모와 지역사회는 학교에 적극적으로 참여해야 하지만, 교사를 통제하거나 조정해서는 안 된다."며 "교사들은 학부모의 절대적인 신뢰를 바탕으로 수업과 교육에 있어 섬세한 균형을 이뤄야 하기 때문"이라고 강조했다.

점심 시간이 다가오자 식당 겸 카페테리아에는 음식을 준비하는 학생과 '오늘의 메뉴'를 미리 살펴보려는 학생들로 분주해졌다.

식당 내부에선 검정색 옷을 입은 요리사 2명과 4~5명의 학생들이 파스타와 샐러드를 준비하고 있다. 이탈리아 출신 요리사 타르고(45) 씨는 식재료를 점검한 뒤, 음식을 준비하는 학생들을 일일이 지도한다.

"교내 식당에선 제일 중요한 게 먹거리의 안전성이죠. 내게 주어진

임무 중 가장 중요한 것은 식재료를 철저히 검수하는 겁니다. 그다음이 아이들을 지도하는 거죠."

식당에서 일하는 학생들은 전문 요리사로부터 조리 기술을 배우는 동시에 근무 시간만큼 보수를 받는다. 요리에 취미가 있거나 빼어난 실력이 있는 학생들은 이미 학교에서 취업 교육을 받게 되는 셈이다.

몸이 뚱뚱해 친구들한테 놀림을 받고, 항상 위축돼 있던 이치고아(14) 군은 식당에서 일하면서 자신감이 생겼고, 친구들에게도 인기가 높다. 학교에서 천직을 찾았다는 그는 식당 내에선 모두가 부러워하는 최고의 요리사이기 때문이다.

오덴세 자유학교의 또 다른 특징은 '광장'을 활용한 교육 체계다. 광장에선 다양한 일들이 벌어진다. 때로는 학생들이 휴식을 취하는 곳이며, 때로는 심화 학습을 하는 공간이자, 광장 토론이 진행되는 장이기도 하다.

이날 오후 200여 명의 학생들이 광장에 모여 앉았다. 발표자는 12살인 필립 군이다. "지난 여름 방학 때 부모님과 북부 독일을 방문했어요. 다양한 산업 시설이 밀집된 베를린이나 프랑크푸르트와 달리 한적한 곳이었습니다. 자, 제가 찍은 사진들을 보면서 설명드릴게요."

필립 군은 10여 분간 사진과 함께 북부 독일 지역 방문기를 설명한 뒤, 내년 겨울 방학엔 수도인 코펜하겐에서 한 달간 친구들과 함께 여행을 다닐 것이라며, 구체적인 경비 마련 방안 및 세부 일정 등을 소개하기도 했다.

그가 '휴가'를 주제로 발표하는 동안 학교장을 포함해 10여 명 이상의 교사들이 참관했다. 또 광장을 가득 메운 학생들도 발표자의 또래뿐만 아니라, 유치원생부터 고학년 학생까지 다양했다. 또래집단만을 위한 프로그램이 아닌 모든 학교 구성원들이 공동으로 참여할 수 있는 프로그램이다.

발표자는 또래 외에도 동생과 선배를 상대로 발표함으로써 불특정 다수와의 소통을 경험할 수 있고, 참석한 이들 역시 때로는 선배의 발표 모습을 지켜보면서 간접적인 경험을 쌓을 수 있으며, 선배들은 토론을 통해 후배들을 지도하는 기회를 갖게 된다는 게 학교 관계자들의 설명이다.. [5]

---

5) 송충원. 지역신문발전기금을 지원 사업. ⓒ대전일보사.

덴마크 자유교육의 역사와 현황

덴마크와 자유교육

자유학교의 가장 중요한 이념은 자유로운 교육이다. 즉 교육에 대한 국가의 독점을 거절하고 학부모와 교사가 힘을 합쳐 정치적으로나 교육적으로 자유로운 형태로 설립·운영하는 독자적 교육기관의 설립을 지향한다. 즉 자유학교, 프리스콜레, 덴마크의 모든 중요한 학교법은 정치적 합의 위에 기초한다.

덴마크 교육 지형도가 보여주는 이 특이한 현상은 역사적으로 니콜레이 그룬트비(1783~1872)와 크리스텐 콜(1816~1870)이라는 두 사상가로부터 유래한다.

그룬트비의 사상과 활동은 기독교 신앙과 덴마크 문화와 민중들의 삶에 대한 독특한 문제 의식을 근거로 전개되었다. 그 사상을 요약하면 현재 덴마크에서 보여지고 있는 현상, 즉 살아 있는 말과 살아 있는 삶, 덴마크 국민과 차별화된 문화, 국민의 계몽, 특히 농민 계층의 독자적인 의미와 가치, 자유와 자유교육 등이라 할 수 있다.

그룬트비의 사상을 요약하면 "인간은 다른 사람에게 나아가기 전에 자기 자신에게 나아가야 한다"는 것이다. 사람들은 우리에 대해 말하기 전에 나에 대해 말할 수 있어야 한다고 강조한다. 즉 "우리 모두가 알아야 할 하나의 중요한 사실은 인간은 각기 독특한 특성을 가진 존재라는 것을 인식"하는 일이다.

이 말을 해석하면 자신을 하나의 인격으로 흥미롭게 발견하는 것으로부터 삶이 풍요로워질 토양을 갖게 된다는 것이다. 어떤 일이라도 오직 자신만이 유일하게 할 수 있다는 생각을 가질 때 그것이 직업이 되면 삶의 목적 중 하나가 자연스럽게 형성되는 것이다. 즉 사람은 자신만의 일을 시작하게 됨으로서 지상에서 흥미로운 존재라는 인식을 가지게 된다는 것이다. 나뿐 아니라 다른 사람도 마찬가지라는 것이다. 이러한 생각의 결과로 자기 자신이 중요한 사람이 된다 함은 자기 자신만으로는 충분치 않다는 사실 또한 아는 것이다.

시민 대학을 통해 그가 의도한 것은 덴마크어를 듣고, 토론하며 즐기고, 정치적 자리에서 자기 의견을 개진하는 것은 물론 교양있는 삶으로의 발전을 키워가는 능력을 스스로 함양하게 하는 것이었다.

또한 그룬트비는 학교를 중시 여겼지만, 학교보다는 집에서 하는 교육을 좀 더 이상적인 교육으로 보았다는 점에서 요즘 새로이 불고 있는 부모로서의 애착 교육 감정에 기반을 둔 감정 코칭 교육을 일찍이 이해하고 실천했던 사람이다.

다만 부모와의 애착과 감정 코칭이 잘 된 학생들은 학교에서 즐거움의 기대를 가질 수 있어야 한다고 했다. 학교에서는 교사와 학생, 교사와 부모 등 다양한 주체들 사이에서 살아 있는 상호 작용이 일어나야 하고, 강의와 시험이 능사가 아니라 자유로운 담화가 있어야 한다는 것이다.

그룬트비는 성인을 위한 시민 대학을 구상하면서 형식 교육이나 직업 훈련보다는 '삶의 계몽'을 추구했다. 따라서 시험 따위는 생각하지 않았다. 교수 기술은 자유롭고, 개방적이며, 시의적인 역사적 이야기를 나누는 것이었다. '살아 있는 말'로 하는 교수법은 실제

생활과 구체적인 관계를 가지도록 했다.

비록 기독교 정신에서 출발하였지만 아이들에게 신앙을 강요하지는 않았다. 이 문제는 삶의 진지한 교류와 대화로 풀어야 한다고 생각했기 때문이다. 자유가 자유학교의 전제라면, 그 방법도 자유롭지 않으면 안 된다는 뜻이다. 이것은 기독교적 전통, 흔히 말하는 모태신앙인으로 태어나는 다음 세대를 공략하는 중요한 지침이요, 전략이 되어야 함을 암시하고 있다.

대안학교를 5년간 하면서 느낀 깨달음은 교회 내의 중직자 자녀들 중에 의외로 마음에 상처를 가진 아이들이 많았다는 점이다. 그 이유는 자유로운 신앙의 토론과 대화가 아닌 강요와 억압을 통해 신앙이 일방 통행으로 전달되었기 때문에 생겨난 상처가 성장을 해도 치유되지 않았기 때문이라 생각된다.

시험보다는 인성 교육

그룬트비나 그룬트비의 영향을 받은 교육 사상가들은 공통적으로 인성 교육에 더 초점을 두었다. 그래서 시험 제도를 거부했고, 수업을 보편적 인간이라는 주제 아래 강연과 이야기 나누기 방식으로 진행하는 것을 선호했다.

이런 전통 때문에 학부모들은 지역의 공립학교가 마음에 들지 않으면 스스로 학교를 세웠다. 학부모가 아이들 학교에 보내는 대신 집에서 가르쳤으며, 만일 스스로 할 수 없으면 다른 부모들과 힘을 합쳐서 가르쳤다. 이렇게 국가는 학부모들이 누려야 할 공교육 제도로부터의 자유를 공적으로 보장하였던 것이다.

초기의 자유학교는 교육 내용상으로는 부분적으로 보수적 성격도 함축하고 동시에 민족주의적이었지만, 방법적으로는 놀라우리만치 현대적이며 시대를 앞서 간 것이었다. 작은 학교를 지향하는 점도 자유학교의 특이한 점이다. 때문에 학생들은 학교의 모든 아이들과 모든 교사들을 알고 친하게 지냈다.

이러한 전통들은 후일 대안교육에 상당히 많은 영향을 주는데, 그중 하나가 무학년제를 실시하거나 상급생이 하급생의 교육을 일정 부분 담당하는 학생 교사제이다. 이것은 교육 효과 측면에서도 상당히 긍정적이다.

사실 선생들이 잘 가르치는 이유는 항상 가르칠 것을 전제하며 배우기 때문이다. 학생들이 자신보다 어린 후배들을 가르치도록 제안받는다면, 배울 때 이미 가르칠 것을 염두에 두고 배우기 때문에 2배, 3배의 학습 효과를 체험하게 된다.

자유학교의 운영 원리와 실제

자유학교가 좋은 점은 소수자의 권리를 보장받을 가장 근본적인 기초를 얻는다는 점이다. 사실 소수자의 권리를 교육이란 방향에서 진보를 이룩한 나라는 별로 없다.

덴마크에서 소수자, 예를 들면 집시나 다문화 집단들이 자기들 의사에 따라 학교를 세우고 이 학교가 국가적지원을 받도록 했다. 그렇게 함으로써 다수자의 지나친 횡포에 대항하여 싸울 수 있도록 보호를 받게 된 것이다. 민주주의가 이미 교육의 자유, 교육 방법의 자유 등으로 소수자가 세운 학교를 통해 많은 자유를 보장하게 되었다.

만약 종교적인 양심에서 어떤 원리나 도덕률을 수용할 수 없는 집단이 있다면, 자유학교적인 틀에서는 원하는 선생들을 중심으로 학교를 세워 자유롭게 학생들을 가르치고 계몽할 수 있다는 점에서 자유학교 정신은 사실상 모든 것을 보장받는 교육 체제이다.

교육 의무는 있어도 취학 의무가 없다

자유학교의 새로운 관계를 이해하기 위해서는 18세기 이후의 민중 교육사를 파악하는 일이 중요하다. 앞에서도 언급했지만 덴마크의 민중 교육사를 말할 때 반드시 짚고 넘어가야 할 인물이 둘 있다. 니콜레이 그룬트비(1783~1872)와 크리스텐 콜(1816~1870)이 그들이다.

그룬트비가 입안가요 초석을 놓았다면, 실천가는 콜이다. 그는 기존의 암기와 훈련에서 벗어난 학교를 만들어 명실 상부한 자유학교를 만들었다.

헌법이 보장하는 부모의 권리뿐 아니라 공립 초·중학교에서 실시하는 내용에 준하는 교육을 자유학교에서 실시할 것을 요구하고, 자유학교의 전반적인 활동을 감사하는 일을 해당 학교에 다니는 아이들의 부모가 담당하도록 하였다. 학부모는 어떤 방식으로 감사를 실시할지 스스로 결정할 수 있었다.

이렇게 함으로 교육의 주체는 국가가 아니라 부모가 되고, 자동적으로 시민과 지역사회가 되었다. 덴마크의 학교교육법 제33조는 "가정학습을 받고 있는 아이들은 학교교육에 참가하지 않아도 좋다"라고 규정하였다. 이것은 홈스쿨링을 당연한 것으로 인정하고 있는 제도이다. 물론 또 다른 선택도 가능하다. 그것은 스스로 학교를 만드는 것이다.

따라서 정부는 교사 자격의 유무나 구체적인 교육 과정에 대한 규정, 교육 내용에 대해 전혀 간섭하지 않는 것을 원칙으로 하였다. 이렇게 되면 오직 임용을 받기 위해 몇 년씩이고 임용 고사에 매달릴 이유가 없어진다. 진정 교사로서의 사명이 있다면 마음에 맞는 몇몇 교사와 자신에게 동조하는 학부모만 있으면 어디든지 학교를 세울 수 있기 때문이다.

나가타 카즈이(永田佳之, 국제대안교육연구회 연구원)는 말한다.

"덴마크 사회에서는 기존의 것이 자기와 맞지 않으면 대안을 선택하면 되고, 대안이 맞지 않으면 스스로가 대안을 만들면 됩니다. 이런 기회를 언제나 열어 놓는 사회 제도가 있다는 사실이 매우 중요합니다."

삶을 위한 학교

덴마크 사회는 시험 점수로 진단하는 평가를 별로 신뢰하지 않는다. 아이들이 시험 때문에 시달리는 경우도 거의 없다. 따라서 자유중등학교를 마치기까지 한 번도 시험을 보지 않는 학생도 적지 않다.

때문에 정부가 부모들의 자발적 움직임을 적극 지원한다는 사실은 덴마크 자유교육의 큰 특징이자 강점이다. 어떤 교육 과정을 만들든 자유다. 나는 이 점이 참으로 마음에 든다.

한 번은 자유학교법 입법청원 활동 세미나를 하면서 이 점을 강조하자 질문이 나왔다.

"만약 좌파적 혹은 나치적 성격을 가진 시민단체가 편향된 정치 이론으로 아이들을 가르치면 어떻게 합니까?"

이미 그들은 우리가 이 자유학교 운동에 눈을 뜨기 오래전부터 다양한 형태로 좌파 이념을 심어왔다. 이러한 점에서는 우리가 그들로부터 많은 것을 배워야 할 지경이라고 답했다. 뿐만 아니라 건전한 사고를 가진 부모라면 이러한 이념으로 무장된 학교에 일부러 아이를 보내지 않을 것이며, 자유학교들로 구성된 심의위원회에서도 걸러지리라 생각한다.

아무튼 자유학교에서는 교과서도 무엇을 사용해도 좋다. 시험을 보든 보지 않든 그것도 자유다. 이런 점 때문에 부모들이 학교를 만들어 운영하는 것은 지극히 자연스러운 일이다.

자유학교와 시민 대학

역설적이게도 자유학교는 딱히 '학교'교육이라고 할 게 없다. 아이들의 모습에서도 공부와 삶은 구분되지 않기 때문이다.

선생님의 역할이 없지는 않지만, 교사의 역할은 그들이 원하는 과업을 수행하게끔 이따금씩 격려하고 고무해 주기만 하면 된다. 어떤 교육의 목적지가 있다면 그 길마저도 스스로 찾게 해주는 것이야말로 고기를 잡아주는 것이 아니라 고기 잡는 법을 가르쳐 주는 것이라고 말할 수 있을 것이다. 따라서 교과서는 국가에서 정해준 교과서일 필요가 없다. 담당 교과 선생님이 스스로 선택하거나 만든 교재를 가지고 공부한다면 얼마나 좋을까. 가르치는 것이 즐거운 선생님들은 얼마든지 해결할 수 있을 것이다.

그런데 작금의 우리나라는 많은 제약이 있다. 학교 당국으로부터, 학부모들로부터, 심한 경우에는 학생들까지도 제약을 준다. 마음껏 학생들을 가르치고 싶은 선생님들을 위해서라도 자유학교는 반드시 우리에게 필요하다.

정부의 정책을 따를 필요가 없고, 교육 정책에 전혀 영향을 받지 않는다면, 그리고 독자적으로 학교를 운영할 수 있는 자유가 있다면 우리는 당연히 자유학교를 추구해야 한다.

더욱이 '나는 누구이며 우리가 추구해야 할 사회는 무엇인가'를 가르치며 참된 자아를 찾는 학교야 말로 인생에서 필요한 학교가 아닐까?

이 때문에 효율성과 경쟁을 강조하는 현대 교육의 지지자들은 그룬트비의 질문 자체의 의미를 이해하지 못하거나 그 현재적 의미를 제대로 고려하지 못할 수도 있다. 그리고 지금 내가 추진하고자 하는 대한민국에서의 자유학교 운동도 이해하지 못할 수 있다. 하지만 누군가는 이 자유학교를 외치다가 갔다는 흔적은 남기고 싶다. 그것이 이 글을 쓰는 이유이다.

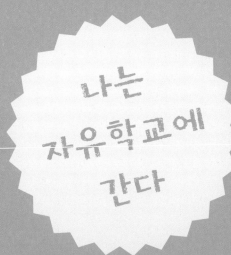

나는
자유학교에
간다

제2부

마을이 학교다

마을이 학교인 이유

깨어진 공동체성으로 얻은 성장

나는 소위 말하는 달동네에서 자랐다. 부산시 서구 서대신동 2
가 509번지 8통 5반. 8통 통장은 서씨 아저씨였다. 우리 아이들은
서씨 어른이라 불렀다. 그분은 60여 호 되는 동네의 집에 대해 모
르는 게 없었다. 우리 또한 동네 집 대부분을 내 집 드나들 듯이 다
녔다. 그것을 나무라거나 제지하는 어른은 아무도 없었다.

여름철 더운 밤이면 집집마다 조금 큰 동네 골목에 자리를 펴고
집에서 가지고 온 밥과 반찬을 모아 나누어 먹었다. 그리고 돗자리

깔고 누워 하늘을 보면 어른들은 두런두런 옛날 이야기를 하는데, 대부분이 귀신이야기였다. 옛날 어떤 마을에 어떤 귀신이 있었는데, 그 귀신은 어느 총각, 혹은 어떤 처녀가 억울하게 죽은 사연을 갖고 있었다. 억울함을 풀려고 장에 갔다 오는 사람에게 나타나고 혼비백산하여 도망가다가 변을 당했다거나 다쳤다는 이야기 일색이었다. 그런 이야기를 듣고 하늘을 보면 별 속에 빠져들며, 하늘과 우주를 생각하며, 인간은 어디서 와서 어디로 가며, 사람은 죽어서 왜 귀신이 되는가, 영혼이란 있는가, 영혼의 존재와 삶은 무슨 연관이 있는가 등.

세계에 대한 고민은 세계관으로, 저녁마다 모이는 동네 사람들과의 유대를 통해서는 사회관으로, 이야기를 통해서는 문학관을 배우게 되는 것이다. 그리고 어디에서도 경험할 수 없는 마을의 유대와 공동체성을 배우는 것은 덤이었다. 하지만 아파트 문화가 주거 문화의 대명사가 되고, 모든 활동이 직장 중심으로 되면서 어느새 마을공동체성은 대한민국에서 실종되고 말았다.

이러한 문제를 해결할 수 있던 유일한 활동이 돌이켜 보면 '작은 도서관' 활동이었던 것 같다. 청주시 오창에서 교회를 할 때 교회 내에 '구룡마을 작은도서관'을 10여 년 운영하였다. 당시 전체 활동으로는 청원군 작은도서관연합회 활동을 했는데, 연합회 회장을 하는 1년 동안 참으로 많은 활동들을 했었다.

당시 오창에는 13개의 아파트가 있었고, 세대 수는 약 8천 세대가량 되었다. 청도협(청원군 작은도서관협의회)을 통해 13개의 아파트에는 모두 다 작은 도서관이 있었다. 마침 청원군의회에서 "작은 도서관 지원법"이 발의·통과된 시점이어서 크진 않지만 물심 양면으로 작은도서관을 지원하는 분위기도 한몫했다.

우선 각 작은도서관은 일주일 내내 아이들을 위한 각종 책읽기 프로그램을 실시했고, 각 과정에는 부모들이 자율적으로 참여하여 자원봉사를 했다. 독서 지도, 한문 지도, 그림 지도 등 각 작은도서관은 각자 형편에 맞게 프로그램을 진행하였다. 그리고 일 년에 한 번씩은 작은도서관 주최로 도서 나누기 벼룩시장도 개최하였다. 뿐만 아니라 오창호수공원에서는 5월이면 가정의 달을 맞아 작은도서관 연합축제도 벌였다. 약 3년여의 활동으로 지역 공동체성은 상당히 호전되었다. 먼저 막혀 있던 아파트 간의 보이지 않던 담이 사라졌고, 모든 지역 커뮤니티가 작은도서관 자원봉사자들 중심으로 재편되는 것을 경험했다. 나는 그때 생각했다. '어쩌면 이것이야말로 마을학교가 아닐까'하고 말이다.

나는 지금 세종시에 있다. 벌써 10년이 넘었다. 세종시를 교육자유도시로 만들고 싶은 욕구에 일찌감치 이사를 왔다. 하지만 해야 할 일이 한두 가지가 아니기에 작은도서관 운동을 쉽사리 시작 못하고 있다. 그 와중에 나는 또 병을 얻었다.

2017년 1월초 국가가 실시하는 정기검진에서 위에 작은 암이 있는 것을 발견했다. 의사는 안심하라고 했지만 내게는 난생 처음의 청천벽력이었다. 일주일간은 가족들에게 알리지도 않았다. 나보다 더 큰 충격을 받을 그들이 상상되었기 때문이다. 나를 믿어주고 지지해 주던 아내와 아이들에게 아빠의 병고는 어떤 의미로 다가올지 나는 50년 전에 경험했기 때문이다.

하늘과 같았던 아버지는 내가 10살이 되던 해 뇌졸중으로 쓰러졌고, 고등학교를 졸업하던 해 어머니마저 뇌졸중으로 쓰러져 사경을 헤매는 것을 경험한 나로서는 가족, 특히 부모의 병환이 어떤 충격으로 다가갈지 알고 있기에 아무런 말도 못하고 속으로 고민만 했다. 더구나 둘째는 간호사요, 막내인 아들은 한의사이다 보니 누구보다 병에 대해 잘 알고 있지 않은가.

하지만 나는 결단해야 했다. 그래서 우선 가족 단체 카톡방에 조심스럽게 글을 올렸다. '위장에서 이상 물질이 발견되었고, 조직 검사 결과 위점막에 한정된 것 같으며, 위내시경 수술로 위점막 부분만 도려내는 간단한 수술로 원인 물질을 제거할 수 있다는 의사의 소견을 받았다'고 썼다. 눈치가 빠른 아들은 그것이 암이란 것을 금방 알았고, 그 댓글에 당장 둘째딸은 자신이 근무하는 삼성의료원에 정밀 검사와 수술 날짜를 문의를 해 버렸다.

일사천리로 발견에서부터 수술까지 1달이 채 걸리지 않았고, 2017년 4월 6일 위절제수술을 받았다. 덕분에 위장의 3분의 2가 내 몸을 떠나갔고, 나는 겨우 남은 3분의 1로 모든 음식물을 소화시켜야 하는 숙제를 받았다.

내 자녀들은 내 교육의 산 실물이다. 딱히 가정교육을 잘했다고 말할 수는 없지만, 자녀교육, 혹은 교육에 대한 관심을 가지고 그들을 키워온 것은 사실이다. 나는 주목했다. 무엇이 사람을 사람답게 하는가. 과연 사람을 사람답게 만드는 가장 큰 요인은 무엇인가를 3명의 아이들을 키우는 30년 동안 연구하고 실행하고 관찰하였다. 그리고 그 결론을 확실하게 얻었다. 나는 그 결과들을 바탕으로 자녀 교육에 대한 책을 3권을 썼는데, 그중 2권은 출간되었고, 한 권은 아직 빛을 보지 못하고 있다.

교육이라는 이름대신

나는 아이들을 교육시킬만한 역량이 없었다. 왜냐면 나나 아내는 평범한 이 땅의 부모들과 다름없는 학력과 학식을 가지고 있기 때문이다.

독서를 좋아해서 남다른 독서 이력 덕분에 덤으로 얻은 글을 쓰기 위해 펜을 드는 습관이 생긴 덕에 몇 십 권의 책을 쓰긴 했지만, 그것은 모두 문과적인 역량이지 수리적이거나 이과적인 역량은 중학교 2학년 수준이 전부이다. 그런 내가 아이들을 이과 천재로 만들 수 있었던 것은 유전자나 부모의 역량을 뛰어넘는 또 다른 요인이 있음을 가르쳐주는 것이 아닐까.

결론부터 말한다면 교육이라는 이름으로 행해지는 모든 행위는 교육을 받아야 하는 당사자들인 아이들에게는 학대가 될 수 있다는 것이다. 그러면 어떻게 하라는 것인가. 간단하다. 의외로 간단하다. 그래서 모든 사람들이 이해를 못하는 듯하다. 나는 그것을 사랑이라 적고, 애착이라 부른다.

사람만큼 감정에 민감한 존재는 이 지상에 없다. 그날의 감정에 따라서 힘이 생기기도 하고, 힘이 일시에 사라지기도 한다. 감정이 나쁜데 위로받지 못하면 그 즉시로 못난 일을 하곤 만다. 교육은 감성보다는 지성을 키우는 것이다. 그런데 감성이 바르지 못하면 지성이 들어갈 자리가 없다. 감성의 코치, 감성의 성장은 어떻게 보면 철저하게 부모의 몫이다. 그런데 아이들은 이미 자라면서 가정에서부터 감성의 공격을 받아 상처를 안은 채 몸이 성장한다. 몸은 시간이 지나면 당연 성장 순서대로 자라지만 감성, 즉 마음은 적절하게 코칭받지 못하면 성장하지 못한다. 그래서 몸이 다 자란 청년이 된 후에도 마음은 어린아이같으며, 심지어는 장년이 되어도 그 안에 어린아이의 마음이 있는 것이다. 성경에 말씀하기를 "어릴 때는 하는 일이 어린아이와 같다가 장성한 자가 되면 어린아이의 일을 버리느니라"고 했다. 하지만 어른이 되어도 어린아이 때의 일, 즉 유아적인 습관이나 행태 등을 나타내 보인다면 그는 어른아이일 뿐이다.

교육이 능사가 아니라 마음을 이끌어내어 건강하게 해야 한다. 감성코칭이 우선이다. 그러면 어떻게 해야 건강하고 성장하는 감성. 즉 건강한 마음을 갖게 되는가?

그것은 너무나도 간단하다. 사랑해 주면 된다. 아니 사랑받고 있다는 사실을 깨닫도록 해주면 되는 것이다. 내가 이 세상에 태어나길 잘했고, 나는 누구보다 값어치 있는 존재이고, 더더구나 엄마와 아빠는 자녀들을 얻은 기쁨이 세상의 어떤 기쁨보다 더 컸다고 말하는 것이 감성 코칭의 시작이다. 이것이 유아기 때나 유치원기 때까지는 애착으로 나타나야 하고, 소년기나 학령기에는 지지와 응원으로 나타나야 한다. 그러다가 사춘기인 14세가 지나면 지켜보고 기다려 주는 인내기가 필요하다.

하지만 이 간단한 원리를 무시하는 부모들 덕에 대한민국은 OECD 국가 중 ADHD(행동억제장애증훈군)유병률이 가장 높은 나라가 되어 버린 것이다. 학령기 아동의 약 35%가 ADHD적인 현상을 보인다는 충격적인 현실은 이제 사회적으로 영향을 미쳐 자살률 세계 1위, 음주 및 흡연율 1위, 비혼 및 저출산율 1위라는 불명예스러운 딱지를 동시에 가진 나라가 된 것이다.

교육 강국에서 교육 망국으로

나는 이 현상을 과유불급(過猶不及) 때문이라고 생각한다. 정도를 지나치면 모자라는 것보다 못하다는 만고 불변의 진리를 잊어버렸기 때문에 한국 사회가 깊은 고질병을 얻은 것이다.

우린 교육으로 일어선 나라다. 교육이 반상(班常)제도를 철폐했고, 교육이 개천에서 용(龍)나게 했다. 하지만 세월이 지나면서 이제는 교육이 망국을 초래하게 되었다. 유치원에서부터 시작되는 조기 교육은 초등학교 입학하면서부터 선행 학습으로, 중고등학교에 가서는 족집게 과외로 아이들을 거의 초죽음으로 내몰면서 즐겁지 않고, 행복함이 없는 학창 시절을 아이들에게 물려주고 있다.

사회에 나타나는 어떤 현상을 이해하려면, 철학적이고 과학적인 접근을 해야 한다. 철학은 사변적이고, 과학은 실증적이다. 지금 나타나는 현상을 파헤쳐야 할 몫은 과학의 역할이다. 과학은 데이터가 중요하다.

우리 사회에 나타나는 모든 부정적인 상황의 결과들은 자명하다. 그런데 원인을 알면서도 고칠 수가 없다. 그 이유는 사유를 해야 할 철학이 사라졌기 때문이다. 그런 면에서 근세사의 변화만큼이나 중요한 변화의 기로에 우리 사회가 직면한 사실을 인정해야 한다.

대항로의 발견 이후, 유럽에서 시작된 중상 주의와 무역의 시대를 아시아 국가들은 외면했다. 이미 100여년이나 앞선 항해술과 과학의 발전은 아시아 국가에겐 어떻게 보면 흥밋거리 이상도 이하도 아니었다. 드디어 그 강력한 힘들이 아시아를 향해 진격해 들어왔다. 아이러니하게도 대륙으로 들어오는 문물을 받아들인 일본에는 항상 문물이 맨 마지막에 전달되었다. 그 덕분에 일본은 17세기 이전까지 대륙의 국가로부터 문물을 수입하기 위해 통신사를 받아들여야 했고, 대륙에 연한 한국은 스스로 상국을 자처하며 일본을 하대했다. 그런 세월이 조선 시대만 해도 500년이었다.

그런데 해양을 통해 들어오기 시작한 서구의 문물은 일본이 가장 먼저 받아들이고 그것을 응용하게 되었다. 그 1차적인 결과가 임진왜란으로 나타났고, 2차적인 결과가 한국을 병합하는 사건으로 나타났다. 대륙도 아니고 섬도 아닌 반도였던 한국은 가장 유리한 지정학적 조건을 가졌음에도 불구하고 대륙으로부터 받아들이는 안일한 문물 수입으로 거대한 세계사의 흐름에서 소외되기 시작한 것이다.

이것을 뒤늦게 깨달은 흥선대원군의 아들 고종은 동양에서 가장 먼저 전기발전기를 돌리고 전차와 기차를 도입했지만, 내실이 없는 허장성세(虛張聲勢)로는 기울어져가는 국운을 바로 세울 수가 없었다. 서너 번의 기회가 이 땅에 있었지만, 갑신정변이나 갑오경장같은 개혁의 기치를 가차없이 잘라버리는 바람에 결국 대한민국의 뿌리격인 대한제국은 일본에 강제 병합되고 만 것이다.

이제 다시 110년이 흘러 우리는 새로운 변화의 흐름앞에 서 있다. 어떤 철학사조로 우리의 기초를 점검하고 새로이 할 것인가 고민하지 않을 수 없는 것이다.

마을이 철학이다

아이들이 부모로부터 애착과 사랑을 잘 받아야 함과 동시에 마을로부터 환대받고 지지와 견제를 받으며 커야 하는 이유는 간단하다. 사회성이 길러지기 때문이다. 이를 짚고 넘어가려면 선행되어야 할 문제가 한두 가지가 아니다. 가장 걸리는 문제가 아파트 주거 문화이다. 아파트가 주거 문화의 대명사가 되는 순간부터 마을공동체는 실종되기 시작했다. 편리성, 혹은 익명성 때문인지는 몰라도 지난 30년간 우리는 너무 많은 아파트를 갖게 되었다. 지금도 아파트는 지어지고 있고, 아파트를 통한 재테크의 물결은 식을 줄을 모른다. 오직 대한민국에서만 보이고 있는 아파트 중심의 투기와 이동 현상은 훗날 역사가들이 신도시 유목민으로 명명하지 않을까 싶다. 양과 말을 이끌고 새로운 초지를 얻기 위해 이동했던 노마드 현상은 대한민국에서는 신도시의 아파트를 위해 온가족이 3년에 한 번씩 이동하는 신도시 노마드들을 양산한 것이다.

이러한 아파트 문화에서는 건전한 마을 공동체 현상이 나타나기가 너무나도 힘들다는 것을 우리는 익히 알고 있다. 그렇다고 이 현상을 막기엔 역부족이다. 그렇다면 방법은 마을 공동체성을 다시금 불러일으킬 수 있는 노력들이 필요하다. 그 준비 작업이 작은도서관 운동이고, 작은도서관 운동이 서서히 자유학교 설립으로 이어져야 한다는 것이다.

작은도서관을 통해 이웃 간의 보이지 않는 담이 허물어지고 마을 학교화되면 뜻을 같이 하는 학부모들이 자유학교 설립을 위한 연구와 대화를 이어가게 됨으로써 우리 지역, 우리 아파트에 걸맞는 자유학교들을 세워나갈 수 있게 될 것이다. 자유학교 운동은 지금 정부가 펼쳐 가고자 하는 마을학교의 완결판은 자유학교라 할 것이다.

마을의 중심에는 마을학교가 있어야 한다. 아직은 마을마다 유형이 다르지만, 궁극적 지향점은 마을과 학교가 하나가 되어 마을성·공동체성과 교육성을 실현하는 것이다. 마을공동체와 학교 사이의 물리적·사회적 거리를 좁혀 마을과 학교가 하나로 거듭나고, 그 거리를 좁히기 위해서는 시민들의 다양한 상상력이 더 많이 필요하다.

어느 마을학교 운동가의 말이다. "몇 해 전까지만 해도 '도시' 시리즈가 유행이더니 어느덧 대세는 '마을'이다. 필자가 몸담고 있는 평생학습의 세계에서도 학습도시가 학습마을에 자리를 내준 지 오래다. 마을에서 자라고 도시화의 물결에 몸을 맡기고 산 필자의 경우 '우리에게 마을은 존재하는가'라는 의문이 드는 것도 그리 생뚱맞지는 않다. 서울시 마을공동체 자문위원직을 맡고 있는 사람이 이러니 일반사람들의 생각은 더 그럴 것이다."

그분의 말대로 마을은 복고적 향수를 자극한다. 그리운 공동체를 떠올리게 한다. 20세기가 개인주의의 승리였다면 21세기는 공동체(community)로의 회귀라는 말에 전적으로 공감한다. 아무튼 정부 주도이긴 하지만 마을이 요즘 화두다. 도시화·산업화·세계화의 흐름 속에서 다시 마을을 주목하기 시작했다는 뜻도 있지만, 유행으로 지나갈까봐 두렵다.

세계적인 정치학자와 경제학자들도 100년 전 인도의 간디가 "마을이 세상을 구한다"고 설파하며 펼친 스와라지 마을운동을 주목하고 있다. 우리나라에서도 서울을 넘어 경기도와 전국에서 마을 만들기 사업이 한창이다. '다시 마을이다', '온 마을이 한 아이를 키운다', '마을이 미래다', '마을이 학교다'라는 흐름이 일고 있다. 고맙다. 일견으론 마을이 깨어나고 있는 것 같다. '마을'은 정치적 스펙트럼을 초월하기 때문에 권장할만한다. 얼마전 마을이 정치적 공약에 등장했다고 일갈한다. 내용인즉 "사람 사는 정을 느낄 수 있는 마을공동체를 복원하고, 서로 소통하고 함께할 수 있는 공간을 만들고, 따뜻하고 복된, 일명 '따복마을공동체'를 만들어 서당·놀이터·동아리 등 주민이 선택하면 이를 사회적 일자리로 채워 지원하겠다"는 것이다. 마을이 '선거 공약, 정치 공약'이 되는 것을 보니 마을은 일회성으로 끝날 것 같지는 않다. 다행이라고 이희수^(서울시마을공동체 위원, 중앙대학교 교육학과 교수) 교수는 말한다.

하지만 관이 주도해서 성공시킨 사례는 내가 알기론 새마을운동뿐이다. 그땐 전부 마을이었다. 그것도 오래된 헌 마을이었다. 그래

서 새마을을 만들자는 슬로건은 잠자던 동네사람들을 깨웠다. 우리
도 한 번 잘살아보자는 노래는 꿈을 현실로 만들었다. 그 결과 마을
은 아파트단지로, 그리고 새마을은 신도시로 바뀌고 말았다. 내가
살고 있는 세종시 역시 동네 명칭이 두 개씩이다. 하나는 법정 명칭
이고 하나는 한글 이름이다. 그래서 모두 마을이라는 이름을 붙었
다. 내가 세종시로 처음 이사왔던 동은 한솔동이라는 법정 동명 외
에 첫마을이라는 이름이 붙었다. 그다음은 이사한 곳은 도담동이었
고 동네 이름은 도램마을이었다.

이제 세 번째 이사한 곳 역시 대평동이란 법정 지명 외에 해들마
을이라는 이름이 하나 더 붙어 있다. 이름을 마을이라 붙였지만 마
을에 나가보면 아무도 없다. 차들은 지하에 있고 지상엔 멋진 경관
을 자랑하는 정원들이 연출되어 있지만, 아이들이 나와 뛰어놀지
를 않는다. 모두 다 학원 아니면 예체능학원에 있다. 아이들은 이동
할 때조차 걸어서 다니지 않는다. 모두 학원 차량들이 책임을 진다.
멋진 가로와 가로수 정원과 정자들을 아파트 곳곳에 만들어 놓았지
만, 화실에 놓인 정물처럼 고즈넉하다. 이사온 지 일 년이 넘어가고
있지만, 옆집가족과 왕래 한 번 없다. 그러니 아래위층 사람들이 누
구인지도 모른다.

시끌벅적하던 그 옛날 달동네가 그리운 것은 나이 탓만은 아닐

것이다. 물론 우린 다른 곳에서 만남을 갖고 있고, 학교나 학원에서 친구들을 사귀고 부모들도 연대를 하고 있다. 하지만 그 연대성을 아파트로, 마을로 가져오기 위한 새로운 운동을 펼쳐야 하지 않을까?

관 주도의 마을학교

마을학교의 궁극적인 목적은 공동체 회복으로 나아가야 하고, 행복한 삶터를 만드는 것이 되어야 한다는 것은 자명한 일이다, 하지만 관 주도로 일을 시작하게 되면 대부분 외형적인 사업이나 사업비를 소진하면 끝나는 일회성 사업으로 그친다는 것을 우리는 잘 알고 있다.

그러면 '마을학교'란 무엇을 말하는가. "서울특별시 마을공동체 만들기 지원 등에 관한 조례" 제9조(마을공동체 만들기 사업) 8항에 '마을학교 운영'이 포함되어 있는데, 여기에서의 마을학교는 마을공동체 만들기 사업을 위한 하위 사업으로 해석된다. 또한 제2조(정의) 3항의 "'마을공동체 만들기'란 지역의 전통과 특성을 계승·발전시키고 지역의 인적·물적 자원을 활용해 주민의 삶의 질을 높이는 활동을 말한다"라는 표현에서 서울시 마을학교는 서울시 마을공동체 만들기를 지원하는 학교 정도로 정의할 수 있을 것이다.

노원구 마을학교지원센터 설치 및 운영지원 조례 제2조(정의)에는 "'마을학교'란 문화·예술·체육·전통놀이 등 다양한 분야에 걸쳐 주민들이 스스로 만들어 운영하거나 단체·기관 등이 주민을 대상으로 운영하는 교육 등의 프로그램을 말한다"로 명시되어 있다.

여기서 지적하고 싶은 것은 다음과 같다.

첫째, 주체의 측면이다. 조례에는 분명히 관 주도의 일방적인 톱다운(top down) 형태에서 벗어나서 '마을'과 '주민' 주도의 형태를 지향하고 있기는 하다. 또한 배움에서도 마을학교의 주민은 학습의 대상자가 아니다. 이웃이 이웃에게 배우고 가르치는 배움의 주체가 된다고 명시하고 있다. 이때 주민은 학습의 원천이자 콘텐츠가 된다. 이와 함께 학습의 주제가 일방적인 형태로 주어지기보다 주민의 요구와 필요에 따라 정해지고 조절된다. 하지만 10여년 가까이 마을학교 운동이 일었지만, 아직 이렇다할만한 성과가 나오지 않고 있다.

둘째, 공간의 측면이다. 마을 전체가 학교라는 개념을 전제로 공공기관 시설 및 마을의 유휴 시설을 활용하기도 하지만, 사실상 시설을 사용하기는 쉽지 않다. 속으로 들어가 보면 여전히 관료들의 보이지 않는 관리와 감독이 있다.

셋째, 목적의 측면이다. 마을학교는 단순히 '학습'이 일어나는 것 또는 학습의 기회를 확장하는 것만을 목적으로 하고 있지 않다.

학습을 매개로 만나고 상호 작용하면서 만들어진 긴밀한 유대를 바탕으로 마을공동체를 형성하려는 목적을 지향하고 있다. 하지만 기존의 학습 도구들, 예컨대 학교·학원·복지관 등이 즐비한 가운데 또다른 하나의 콘텐츠를 제공한다고 해서 마을 주민들이 유기적으로 만나고 협력하기는 쉽지가 않다. 현재 여러 마을학교들이 가장 쉽게 접근하는 활동은 마을주민(청소년, 성인)의 교육프로그램 운영이다. 하지만 좀더 발전하기 위해서는 자유학교를 통한 교육의 근원적인 문제를 해결하는 마을 주민 전체의 숙원사업을 의논하고 성사시킴으로 프로그램 운영에 그치지 않고 공동 육아·공동 교육으로 확장하여야 한다.

진정한 '마을학교'는 마을과 학교가 붙어 있어야 한다. 마을과 학교가 하나가 되게 해야 한다. 이것은 아마 이상형일 것이다. 마을학교가 자유학교의 개념을 가지게 되면 마을의 주인을 키워내고 주민을 발견하고 주민들 간의 뒤섞임을 만들어내며 마을공동체를 작동시키는 매체가 될 것이다.

사람이 마을이고 마을이 선생

우리 한 사람 한 사람이 마을학교다. 마을학교가 세상에서 가장 큰 학교다. 마을학교는 전 인류를 위한 가장 큰 학교다. 마을학교가 마을을 구하고 세상을 구한다. 적어도 마을학교가 마을을 구할 것을 소망한다. 무너진 마을의 공동체성을 학교라는 울타리를 통해 회복했으면 한다. 온마을이 나서 다음 세대 아이들을 낳도록 격려하고, 함께 양육을 돕고, 그리고 사랑으로 자랄 수 있는 환경을 만드는 데에 온마음을 열었으면 한다. 그 길만이 21세기 한국이 세계에 자랑할 문화적 유산이 될 것이다.

'자유'가 주체인 덴마크 교육

덴마크 교육의 두 줄기

사실 오래전부터 이 글을 생각하고 써내려가고 있었지만, 출판까지는 생각을 못하고 있었다. 그 이유는 간단했다. 덴마크와 자유학교, 덴마크와 그룬트비 목사님을 논하면서 한 번도 덴마크를 다녀오지 못했기 때문이다. 가 보지도 않고, 경험해 보지도 않은 다른 나라의 교육 정책을 입에 올리고 글로 쓴다는 것은 어떻게 보면 주제넘은 행위라고 생각이 들었다.

하지만 출판이 되기 전까진 꼭 덴마크에 다녀오리라는 마음의 다짐을 하고 덴마크의 자유학교 시스템을 여러 자료들을 통해 정리해보고자 한다.

덴마크의 학제는 좀 복잡해서 다른 나라의 교육 틀을 가지고 보면 눈에 쉽게 들어오지 않는다는 특징이 있다고 한다. 그 이유가 덴마크의 학제가 크게 공교육과 자유교육(대안교육)으로 나뉘기 때문이다. 자유교육을 학제에 넣은 이유는 전체 덴마크 교육에서 다양한 형태의 자유교육이 차지하는 비율이 20% 정도이기 때문이다. 적지 않은 비중이지만, 그렇다고 큰 비중을 차지하는 것도 아니다. 이 점도 참고할 만하다는 생각이 든다. 또 자유교육에 대한 국가의 재정지원도 교사의 급여를 포함 전체 학교 운영비의 75% 정도이다. 그런데 가난한 학생들에 대해서는 본인이 부담해야 할 25%의 학비까지 국가가 지원한다. 이뿐 아니라 자유학교 출신들도 공립고등학교로 진학하는 데 아무런 차별이 없으며, 공교육 재학생들도 자유학교의 한 형태인 애프터 스쿨이나 시민대학 등을 거쳤다가 다시 공교육으로 오는 경우도 많다고 한다.

덴마크 교육 시스템은 의무적으로 학교에 보내는 것이 아니라 교육 그 자체에 중점을 두고 있다. 즉 덴마크 학부모들은 자신의 자녀를 위해 공립학교 외에 다양한 종류의 자유(대안)학교 혹은 사립학교를 선택할 수 있다.

덴마크의 자유학교는 교육과정과 학교 운영에서 최대한 자유가 허용되고 있다. 공립학교의 교육 과정을 따라갈 필요는 없지만, 자유학교의 교육의 질과 수준은 최소한 공립학교의 교육 수준 정도 혹은 그 이상 될 것을 권고(의무화) 하고 있다. 자유학교는 각 과목별로 스케줄 및 달성 목표를 자체적으로 결정하거나 교육부가 정한 공립학교의 교육 과정에 따라 자율적으로 진행할 수 있다.

이로 보건대 자유학교는 공교육의 대체재가 아니라 보완재로 작용하고 있다는 것을 확인할 수 있다. 사실 많은 연구에서 20% 내외의 자유학교가 80%를 넘는 공교육의 경직화를 막고, 신선한 아이디어와 각성을 계속해서 조성해주는 역할을 하고 있다고 한다.

덴마크 공교육의 뿌리

주지하다시피 덴마크 공교육의 뿌리는 15세기까지 거슬러 올라간다. 루터의 종교개혁의 영향 때문이었다. 하지만 그때는 귀족이나 엘리트를 위한 교육에 국한되었다. 종교개혁가 루터가 처음 주창했던 모든 국민을 위한 공교육은 1814년에 "일반교육법"을 도입함으로써 시작된다. 이 법에 의거해서 전국의 지자체는 학령기 아동(7~14세) 전체를 대상으로 7년간 의무 교육 제도를 국가 차원에서

도입했다. 이 "일반교육법"에는 공교육의 목적을 "모든 아이들로 하여금 그리스도교의 교훈을 따라 선하고 올곧은 인격으로 자라게 하며, 한 국가의 쓸모있는 시민이 되는 데 필요한 지식과 기술을 가르치는 데 있다"라고 명시하고 있다. 이는 일정한 나이에 해당하는 모든 아동을 국가가 책임을 지고 무상으로 교육하는 세계 최초의 공교육 체제라고 할 수 있다.

덴마크의 공교육은 공립 기초학교(Folkeskole)에서 출발한다. 공립 기초학교는 보통 1학년부터 9학년까지의 과정으로 되어 있으며, 10학년은 선택적으로 이수할 수 있다. 의무 교육 단계인 공립 기초학교의 교육에 대한 책임은 지역 의회가 진다. 그러나 실제적인 단위 학교의 운영은 학교위원회의 책임 하에 이루어진다. 교육부와 교육청이 하는 일을 학교위원회에서는 하는 것이다.

학교위원회는 학부모들이 선출한 5~7명의 학부모 대표, 교사 대표 2명, 학생 대표 2명, 이렇게 9~11명으로 구성된다. 교장과 교감은 학교위원회의 간사로 봉사하는데, 이들은 발언권은 갖지만 의결권은 갖고 있지 않다. 위원회 의장은 학부모 가운데 선출된다. 학교위원회는 지역 의회가 정한 교육 목표의 틀에 따라 학년별 수업 일수, 학년별 교육 과정, 배움에 어려움을 겪는 학생을 위한 특별 교육, 교사들 사이의 업무 분담, 각종 학교 행사, 학교 예산, 교칙 등 전반적인 학교 운영 관련 의사 결정을 한다.

학교 대신 자체적으로 교육할 수 있는 권리

가장 중요한 교육의 골자는 공립학교인 공립 기초학교에 대한 대안으로 부모들은 일반 사립학교나 자유학교를 선택할 수 있다는 것이다.

사립학교와 자유학교 가운데 60% 정도가 '덴마크자유학교협회' 에 소속되어 있다. 자유학교협회는 자유학교의 사상적 기초를 놓고 학교를 처음 시작한 니콜레이 그룬트비와 크리스텐 콜의 교육 이념과 실천을 계승하고 있다.

자유학교는 자신의 이념을 실천할 자유, 가르치는 내용과 방법을 선택할 자유, 경비를 지출할 자유, 교사 자격증과 관계없이 교사와 교장을 선택할 자유, 입학하고자 하는 학생과 학부모를 선택하거나 거부할 자유 등 5가지 자유를 가진다.

이렇게 교육과 관련된 모든 자유를 허용하면서 국가에서는 학교 재정의 75%를 부담하는 이유는 덴마크의 헌법이 교육의 의무를 '학교교육'으로 한정하지 않고, 교육을 받을 수 있는 권리로 넓게 규정하고 있기 때문이다. 1814년 제정된 최초의 덴마크 학교법은

"아이들을 학교에 보내는 권리는 집에서 자체적으로 교육할 수 있는 권리에 의해 대체될 수 있다"고 규정하고 있다. 또 하나의 이유는 소수자의 권리를 소중하게 생각하는 덴마크 민주주의 전통이다.

덴마크에는 1학년부터 9학년(혹은 10학년)까지의 공립 기초학교에 대응되는 9년제 사립학교나 자유학교(Frieskole 또는 Free school)가 있다. 그리고 이들 외에 애프터 스쿨(Efterskole 또는 After school, 자유 중등 기숙학교)이라는 독특한 학교가 있다. 애프터 스쿨은 같은 나이의 덴마크 학생들의 30% 정도가 다니는데, 주로 고등학교에 진학하기 전 여유 있는 시간을 가지면서 자아를 찾고 진로 탐색을 원하거나 친구들과 깊은 우정을 나누기를 원하는 학생들이 선택한다.

고등학교 과정은 김나지움(대학 준비 과정)과 직업 교육으로 나뉜다. 김나지움은 공립 기초학교 9학년 과정의 연장선으로, 향후 대학에서 자신이 공부할 진로에 맞추어 대학 공부에 필요한 공부를 할 수 있게 교육 과정이 구성되어 있다.

김나지움에는 특화된 학교들도 존재한다. 공립 기초학교 졸업 후 취업이나 여행 혹은 사회 생활을 하다가 대학에 진학하기 위해 준비하는 과정인 '대학준비과정'(HF, Higher Preparatory Exam), '상경계 대학준비과정'(HHX, Higher Commercial Exam), '기술·공업계대학준비과정'(HTX, Higher Technical Exam) 등 유사한 과정이 있다. 그러니까 김나지움도 하나의 과정만 있는 것은 아니고 다양한 과정이 존재하는 것이다.

직업학교는 중세 시대 길드 조직의 후원 활동에 그 근거를 둔 것으로서, 숙련공이 되고자 하는 사람들이 받는 도제 수업의 현대판 버전이라고 한다. 직업 교육은 건축, 수공예, 식품과 농업, 운송과 수송, 사업과 사무, 재정, 서비스와 커뮤니케이션 등 크게 7개 분야로 나뉘어져 있다. 그리고 이 7개 분야 아래에 덴마크 사회가 필요로 하는 직업별 영역을 다 포괄한 95개의 하위 분야, 200개의 세분화된 전문 분야가 있다.

교육 기간은 2년제에서 5년까지 다양하다. 그리고 직업 교육의 전 과정 동안 학생들은 대략 30~50% 정도의 시간은 학교에서 보내고, 50~70% 정도의 시간은 회사나 공장·단체에서 실제 견습생으로 일하면서 보낸다.

자유학교의 운영 원칙 및 보조금

모든 자유학교는 비영리 기관으로, 개인이 사적으로 소유할 수 없고 이윤 추구를 위해 운영될 수 없다. 수익이 발생하면 그 수익은 학교 운영과 관련된 재정에 귀속된다. 모든 학교는 이사회가 구성되어 있는데, 여기에서 학교 운영 및 활동 전반에 대한 권한을 행사한다. 정부로부터 재정 지원을 받을 자격이 되기 위해서 특정 규모 이상으로 설립되어야 한다.

학교는 0학년(유치원)부터 7학년까지 최소 총 32명의 학생이 있어야 한다. 다만 학교 설립 첫해에는 14명, 다음해에는 24명이 되어야 보조금을 지원받을 수 있는 조건이 된다. 현재 자유학교 보조금은 공립학교 운영비의 71%에 육박한다. 학생 일인당 실제 보조금 액수는 학교의 규모(학생 수), 학생의 나이(13세 이상의 학생에게는 높은 금액의 보조금 지급), 학교의 위치에 따라 다르다.

자유학교의 가장 큰 강점은 교사와 학생의 관계가 수평적이며 서로의 의사를 존중해 준다는 것이다. 권위를 앞세운 지시나 억압적인 강요는 전혀 없으며, 이를 통한 친밀감과 행복감은 아이들이 행동과 표정 속에 그대로 드러났다.

결론적으로 덴마크의 공교육 제도는 자유학교와 병행함으로써 다양성 교육을 이루고 있다. 우리나라의 경우는 자유학교적 기능을 학원과 같은 사교육 기관이 차지하고 있지 않는가 하는 생각이 든다. 만약 우리나라에서 자유학교법이 통과된다면 학원에 유입된 질좋은 교사들이 대거 이 자유학교 설립에 동참하지 않을까 한다. 덴마크는 우리처럼 여덟 살부터 스무 살이 될 때까지 좋든싫

든 12년간 쉼없이 학교를 다니지 않아도 된다. 14세부터는 짧게는 6개월, 길게는 2년 동안 공교육 트랙에서 빠져 나와 음악, 스포츠, 미술, 목공을 거의 전문가적 수준까지 가르쳐주는 학교에서 생활할 수 있다.

덴마크 교육을 관통하는 단 하나의 주제어가 있다면 그것은 '자유'이다. 자유란 150년 전, 프러시아와의 전쟁에서 패배하여 비옥한 국토를 잃고 비참에 빠져 있던 덴마크를 일으켜 세운 사상가 니콜라이 그룬트비 목사의 핵심 주제이기도 하다. '그 누구도 아닌, 나 자신에게 나아가는 삶', '참된 삶의 바탕으로서의 자유'. 바로 이 자유가 덴마크의 오늘을 만들어낸 것이다.

그룬트비 목사

덴마크여 일어나라

오늘날의 덴마크를 일으킨 그룬트비 목사를 논하지 않고는 자유학교를 설명할 수 없을 것이다. 덴마크는 유엔 행복 지수 조사에서 2012년, 2013년 연속으로 1위에 올랐다. 또 부패 지수는 세계에서 가장 낮고, 언론 자유도는 가장 높은 나라에 속한다.

이렇듯 지금은 지상의 낙원이라고 불리는 덴마크이지만, 한때는 술집과 창녀들로 붐비며 도덕적인 타락으로 망하기 일보직전인 과거가 있었다. 그래서 나라를 팔아버리고 국가가 문을 닫아야 할 위기에 놓였을 때 그룬트비 목사는 국민 계몽 운동에 나서게 된다.

수도 코펜하겐에 해가 온전히 나는 날이 1년에 50일뿐인 이 작은 나라가 현재 세계에서 가장 살기 좋은 나라로 꼽힌다. 덴마크가 처음부터 살기 좋은 나라였던 것은 아니다.

1814년 전쟁에 패해 지금의 노르웨이 땅을 잃었고, 1864년에는 독일에 국토의 3분의 1을 빼앗겼다. 남은 것은 잡초가 무성한 황무지였다. 발틱해와 북해를 오가는 선박들로부터 통행세를 징수하고 바이킹의 뛰어난 항해술과 조선술로 세계적 해양국가로 부상한 덴마크는 18~19세기 주변 국가들과의 잦은 전쟁에 패하면서 영토의 대부분을 상실하고 국가의 존립마저 위태로운 대재앙을 맞았다.

국민이 실의에 빠져 있을 때 역경을 극복하려는 덴마크 선각자들의 지혜가 빛을 발하기 시작했다. "밖에서 잃은 것을 안에서 찾자"는 구호 아래 덴마크인들은 생존을 위한 운동을 펼쳤다. 민중학교와 협동조합 설립, 농축산업을 위한 토지 개혁 등이 국민들의 참여 속에 추진돼 덴마크는 북유럽 농업 강국으로 다시 부상한다. 우리에게 널리 알려진 동화작가 한스 크리스티안 안데르센, 자유학교 설립자 그룬트비 목사, 부흥 운동가 엔리코 달가스 등이 이 시대를 이끈 덴마크 인물들이다.

오연호 씨의 덴마크 탐방기 《우리도 행복할 수 있을까》에서 그 그룬트비 정신이 살아 있는 덴마크를 만날 수 있다. 또 조금 앞서 나온 《삶을 위한 학교》(시미즈 미쓰루 지음)에서도 그룬트비의 삶과 사상을 엿볼 수 있다.

루터교 목사의 아들로 태어난 그룬트비는 억압적인 루터교를 거부하고 자유로운 신앙을 추구했다. 그룬트비를 따르는 사람들은 그룬트비파를 결성해 덴마크 각성 운동을 이끌었다. 그룬트비 사상은 자유와 평등, 그리고 민중(폴케)으로 요약할 수 있다.

그룬트비 목사는 무엇보다 전 국가적으로 회개 운동을 일으켰다. 그때의 구호는 "오라, 우리가 여호와께로 돌아가자!"였다. 호세아의 선포를 나라 살리는 구호로 사용한 것이다. 여호와의 말씀인 성경으로 돌아가자고 외치고, 국가적 회개운동을 일으켰다. 그래서 그 절망의 순간, 깊은 수렁 속에서, 덴마크 사람들은 하나님을 찾아 회개 운동을 펼치게 된다. 그렇게 해서 덴마크는 지금과 같이 지상의 낙원으로 탈바꿈할 수 있었다.

원유 수입의 90%를 중동에 의존하던 덴마크는 지난 1973년 제1차 오일 위기로 큰 타격을 받았다. 1922년 노벨물리학상을 받은 양자역학의 선구자 닐스 보어를 비롯해 우수 인력을 보유한 덴마크는 원전 건설을 적극적으로 검토했다. 하지만 1985년 3월 덴마크의회는 격론 끝에 79대67의 표결로 원전을 건설하지 않기로 최종 결정했다. 다음해 발생한 체르노빌 원전 사고는 덴마크 국민들에게 자신들의 결정이 옳았음을 확인시켜 줬다. 덴마크인들은 대안으로 바람이 많은 덴마크의 환경을 이용하는 풍력을 도입했다. 당시 풍력 기술은 보잘것 없었지만 정부의 강력한 정책과 기업의 기술 개발 노력이 결부돼 40여년이 지난 지금 덴마크는 풍력 발전의 세계 선두 주자가 됐다. 2020년 덴마크는 전기 소비량의 50%를 풍력 발전으로 공급하고 있다.

덴마크인들은 경제부흥 이전에 철저한 자기 반성과 회개가 있었던 것이다. 당시 회개 운동을 일으키면서 교도소에서 죄수가 한 명도 없을 땐 흰색의 기를 게양했다고 한다. 그러다 죄수가 한 명이라도 들어오면 흰색의 기는 내려지고 붉은색의 기가 올랐다. 붉은색의 기가 오르면 교회는 일제히 종을 치고, 그이 종소리를 들으며 교인들은 가슴을 치며 하나님 앞에 회개했다.

"우리 믿는 사람들이 바로 서지 못해 이 땅에 범죄자가 생겼습니다. 우리의 잘못을 용서하시옵소서…."

오늘날 한국 교회의 모습과 너무나도 다른 모양이었다. 지금도 덴마크의 교도소에는 보통 흰색의 기가 게양된다고 한다.

국부로 존경받는 그룬트비

그룬트비 목사는 1783년 10월 8일 덴마크의 셀란 섬에서 목사
의 아들로 태어나 어머니의 강하고 깊은 신앙 속에서 성장했다.
"사람이 목적이 없이 우유부단한 일생을 보내려면 차라리 죽음
을 택하는 것이 낫다." 이 말은 그의 어머니의 교육 신조였다. 그는
6년간의 소년 시절을 농촌에서 보내면서 농촌의 어려운 생활을 통
하여 덴마크의 농촌과 무용(無用) 무익(無益)한 당시 교육 제도의 맹점
을 목격할 수 있었다.

그는 코펜하겐 대학에 입학하면서 괴테, 피히테, 쉘링 등 당시
세기적인 인물들의 사상을 배우면서 학구열에 불태웠고, 조국 구원
에 대한 소명 의식을 불같이 느꼈다. 그는 신학을 전공했으므로 졸
업 후 잠시 고향으로 와서 형님의 교회 일을 도왔다. 또한 한때 가
정교사로 있으면서 연상의 여인을 사랑하기도 했으나 곧 회개하고
후회하면서 괴테와 셰익스피어의 작품들을 탐독하면서 잡지에 기
고하여 문학청년으로 명성을 얻기도 했다.

30세가 되어 목사 안수를 받은 뒤 사람들에게 "코펜하겐에서 하
나님을 두려워하지 않으면 이 나라는 멸망할 수밖에 없다."고 외쳤
다. 또한 "조국의 위기"라는 글을 써서 민중을 계몽했다. 40세 무

렵 그의 설교 시간은 항상 초만원을 이루었다. 그는 틀에 박힌 설교
자로 있을 수 없었다. 그래서 교회로부터 단죄를 받아 7년간 설교
를 금지 당하기도 했다.

1839년 국왕은 그를 병원 원목으로 임명했다. 하지만 그는 원목
의 역할에 머물지 않고 교육 제도의 개선을 부르짖었다. 월급을 위
한 교사, 간판을 위한 학생을 고발하고, 진리 탐구와 민족을 뜨겁게
사랑하는 교사가 되어야 한다고 역설했다. 그는 강렬하게 외쳤다.

"먼저 참된 덴마크 사람이 되라. 그다음에 크리스천이 되라. 조
국 덴마크를 사랑할 줄 모르는 사람이 하나님을 사랑한다는 것은
믿을 수 없는 일이다. 그러한 인간에게 하나님의 은총은 있을 수
없다."

그리고 1848년 65세 나이에 그는 국회의원이 되었다. 한 번은
코펜하겐 11선거구에서 정당 공천 없이 출마했다가 56표 차로 낙
선했다. 그러나 2천 명의 지성인들이 앞장서 왕에게 칙선(勅選)의원
으로 임명해 달라고 호소했다. 결국 당선된 국회의원이 스스로 의
원직을 사임하였고, 보궐선거에서는 모든 입후보자가 사퇴하면서
그룬트비를 무투표로 당선시키는 이변이 일었다.

65세 최 연장자로 국회의원이 되어 그 후 83세에도 역시 최고령
자로 임시의장으로 등단한 그는 "자유가 죽었던 덴마크였는데 이

제 새로운 덴마크가 된 것을 다 같이 기뻐하자."라는 의미있는 강연을 하기도 했다.

1872년 10월 3일 그룬트비가 89세의 나이로 소천하던 날 코펜하겐 시민들은 묵념을 올렸다고 한다. 그 후 덴마크가 날로 부흥하면서 덴마크 국민들은 이 위대한 구국의 목사요, 선각자요, 시인이요, 정치가였던 그룬트비의 업적을 영구히 기리기 위해 기념교회를 건설하여 국가적 행사는 이 교회에서 드리고 있다.

코펜하겐 북쪽에 세워진 이 교회는 1921년에 착공하여 20년 만인 1940년에 헌당 예배를 드렸다. 그동안 그룬트비를 존경하던 전 국민들이 이 교회 건물에 자신이 기증한 벽돌 한 장이라도 꼭 사용해 달라고 하여 전국으로부터 벽돌이 실려 왔다고 한다. 지난날 우리나라 재건국민운동, 즉 새마을운동이 오늘의 덴마크가 있게 만든 그룬트비와 달가스의 정신에서 출발했다는 사실을 우리는 지금도 기억하고 있다. 그룬트비는 해피엔딩의 주인공이다. 행복한 인생을 살다간 사람이다. 그는 덴마크를 행복한 사회로 만들기 위해 노력했으며, 그 과정에서 스스로도 행복한 인생을 살았다.

세상엔 대의를 위해 개인의 행복을 희생한 사람들이 얼마나 많은가. 또 시대와 씨름하다 천수를 다하지 못하고 젊은 나이에 병들어 죽은 사람들이 얼마나 많은가. 비록 오래 산다 하더라도 자신의 인생에 만족하지 못한 채 눈을 감는 사람이 얼마나 많은가.

그러나 그룬트비는 달랐다. 오연호는 이렇게 기록한다.

"그룬트비는 많은 것을 사랑했다. 그는 기독교 신자로서 목회자로서 하나님을 사랑했다. 민족주의자, 애국주의자로서 덴마크 민족과 나라를 사랑했다. 교육자로서 시민을 사랑했다. 자유주의자로서 금기에 도전하는 것을 사랑했다. 시인으로서 시와 노래를 사랑했다. 감수성이 풍부한 남자로서 여인을 사랑했다."

그렇다. 열정적이란 말은 사랑으로 충만했다는 것을 의미한다. 그랬기에 그는 윤동주처럼 살아 있는 모든 것을 사랑했다. 역동적이었던 그는 천수를 다했다. 19세기로서는 매우 드물게 무려 89세까지 살았다.

그에게 죽음이란 또 다른 열정의 세계로 가는 통로일 뿐이었다.

나는
자유학교에
간다

제3부

자유학교법

대한민국의 자유학교

교육이 망친 나라

오늘날 우리나라의 교육을 한 마디로 정의하라면 "교육으로 세워진 나라가 교육으로 망하게 되었다"는 것이다. 교육의 열정이 오히려 아이들을 불행하게 하고, 사회적인 위화감을 조성하고, 국가적으로는 비능률적이며 수동적인 인재들만 배출하고 있다는 것이다.

아이들은 공부하지 않아도 졸업하고, 12년만 보내면 낙제를 해도 졸업장을 준다. 의무교육은 고등학교까지 연장되고 있지만 학업 성취도는 가장 낮다. 반면 덴마크는 취학 의무가 없다. 아이들이 이른바 '취학연령'이 되어도 학교에 보내지 않아도 된다. 19세기 초, 교육에 관한 부모의 권리를 법률로 인정하면서 그때부터 교육은 부모가 책임지는 것이라는 생각이 덴마크 국민들 속에 자리 잡았기 때문이다. 또 덴마크에서는 시민들뿐만 아니라 정부도 '아래로부터'의 교육 운동을 높게 평가한다. 대부분의 나라에서 보이는 관민 대립이라는 구도로는 설명할 수 없는 관계를 양쪽 모두에게서 볼 수 있다.

덴마크 정부에서 만든 교육 팜플렛을 보면 풀뿌리 시민 운동을 높게 평가하고, 이런 문화에 자부심을 가지고 있다는 사실을 알 수 있다. 그룬트비 사상을 이어받은 콜은 실천가로서 암기와 훈련에서 벗어난 자유로운 초등학교, 프리스콜레(프리스쿨)를 만들었다. 또 이들의 사상과 실천에 자극받은 이들이 프리스콜레의 중등 과정격인 에프터스콜레를 전국 각지에 만들었다. 이런 일련의 흐름들은 공교육에도 많은 영향을 미쳤지만, 전체 사회에서 주류이기보다 '인가' 받은 대안적 흐름으로 한 줄기를 형성해왔다.

헌법 정신을 바탕으로 제정된 "학교교육법(국민학교법)"제33조에는 '…(전략)… 가정 학습을 받고 있는 아이들은 국민학교 교육에 참가하지 않아도 좋다'라고 규정하고, 홈스쿨을 당연한 것으로 인정하고 있다.

대안학교의 존재를 법적으로 인정하는 "독립학교법"(정식명칭은 프리스콜레와 사립초등학교에 관한 법률)에도 '부모들의 여러 권리'를 명시하는 다음과 같은 조항이 있다. 제9조에는 공립 초·중학교에서 실시하는 내용에 준하는 교육을 독립 학교에서 실시할 것을 요구하고 프리스콜레 덴마크에서 전국적으로 설립된 초등교육 과정의 대안학교를 설명하고있는데, 이 학교들은 공적 자금을 지원받고 있지만 커리큘럼이나 교수법, 교과서에 대한 간섭은 거의 없다.

덴마크 교육을 아주 특별하게 만든 게 바로 이 9조다. 교육의 주체가 국가가 아니고 부모이자, 시민·지역사회라는 의식이 뿌리내리는데 이 조항이 결정적인 공헌을 했다.

한국에 자유학교법이 필요한 이유

교육 선택의 자유를 보장받는 덴마크의 부모들은 다음의 세 가지를 선택할 가능성이 있다.

첫째는 공립학교에 보내는 것. 이때 학비는 거의 들지 않는다.

둘째는 '사립학교'에 보내는 것. 이때 국가나 지자체로부터 공적 비용이 상당한 정도 투입되므로 학비는 공립학교보다는 조금 더 들지만, 공립학교의 70% 정도되는 운영비를 공적 자금으로 지원받는다. 덕분에 별 부담없이 마음에 드는 사립학교에 보낼 수 있다.

셋째는 홈스쿨이다.

그런데 위의 세 가지 선택 외에 네 번째 선택도 가능하다. 그것이 자유학교법의 매력이다. 네 번째란 스스로 학교를 만드는 것이다. 기본 조건만 갖추면 학교 운영 자금으로 공적 보조금을 받을 수 있다. 이때 정부는 교사 자격 유무나 구체적인 커리큘럼에 대한 규정, 교육 내용에 대하여 전혀 간섭하지 않는다. 한마디로 기존의 것이 자기와 맞지 않으면 대안을 선택하면 되고, 대안이 맞지 않으면 스스로가 대안을 만들면 된다. 이런 기회를 언제나 열어 놓는 사회 제도가 있는 나라가 덴마크이다.

교육 체제에서부터 자율성과 창의성을 인정하니 당연히 다양한 인재가 양성될 수 있고, 그것이 국가발 전의 초석이 된다. 이를 뒷받침하는 것이 평가 제도이다. 한마디로 덴마크 사회는 시험 점수로 진단하는 평가를 별로 신뢰하지 않는다. 아이들이 시험 때문에 시달리는 경우도 거의 없다. 인간을 서열화하거나 순위를 결정하는 테스트 제도를 두지 않는다.

9학년이나 10학년이 끝날 무렵 덴마크어와 영어, 독일어, 수학, 물리학의 표준 시험을 보도록 되어 있어서 대부분의 학생들은 이 시험을 치르지만, 누구도 이것 때문에 공부를 하지는 않는다. 시험 결과가 아이들 삶에는 거의 무용지물이기 때문이다. 이렇듯 경쟁적인 시험에 대한 회의적인 흐름 뒤에는 '삶을 위한 학교', '사람 중심의 교육'을 표방하는 그룬트비와 콜이 있다.

자유학교를 지탱하는 다섯 가지 자유의 원칙은 다음과 같다.

하나, 이념적 자유. 모든 국민은 이념의 종류나 성격에 상관하지 않고 학교를 설립할 자유가 있다.

둘, 교육적 자유. 모든 국민은 교육 내용이나 방식에 상관없이 학교를 설립할 자유가 있다.

셋, 경제적 자유. 모든 국민은 정부 보조금으로 학교를 운영할 자유가 있다.

넷, 고용의 자유. 학교는 이사회를 만들고, 이 이사회에서 직원의 자격과 역할을 정할 자유가 있다.

다섯, 학생의 자유. 학생은 모든 학교에 입학 신청을 할 수 있고, 학교는 학교 방침에 맞지 않는 학생의 입학을 거부할 자유가 있다.

마을을 중심으로한 마을학교

덴마크에는 독립학교뿐만 아니라 나라 구석구석 온갖 종류의 협회가 있다. 마을마다 스포츠동우회 같은 협회가 있고, 흥미나 취미를 같이하는 사람들이 모여 또 하나의 협회를 만든다. 덴마크 사람들은 협회라는 조직을 만들고 운영하면서 일상생활 속에서 수평적 연대감을 누리고 있다. 이와 같은 연대 의식은 학교 만들기에도 그대로 녹아 있어 혼자라고 생각하는 독립학교는 거의 없다고 해도 좋을 것이다.

자유학교협회뿐만 아니라 다른 협회들도 사무직원은 결코 많지 않다. 가장 큰 조직인 프리스콜레협회를 봐도 컨설턴트 세 사람, 사무직원 세 사람 해서 모두 여섯 명이 일한다. 이처럼 적은 수로 각종 상담에도 응하고, 학교 설립이나 운영에 관한 법률적 조언과 행정상의 문제 해결을 도와주고 있다. 시 당국이나 교육부와 연락하고 교섭하는 일은 물론이고, 교장과 직원 사이의 갈등을 조정하고, 교사와 교장을 대표하는 조합 역할도 해낸다. 세미나를 열고 인터넷이나 전화를 이용한 홍보 활동까지 모두 하고 있다. 이 중에서도 단체 교섭은 교사 한 사람 한 사람의 생활이 걸린 중요한 일로 교섭 결과에 따라 독립학교의 일정한 노동 조건이 만들어진다. 예를 들면 모든 독립학교 교사의 최저 노동 시간은 연간 1,924시간(주 24시간)이다.

또 덴마크에서 사립학교는 반드시 '인가'받을 필요는 없다고 한다. 단지 어떤 지역에 어떤 아이들이 다니는 학교가 만들어졌다는 사실을 시 당국에 보고만 하면 된다. 그리고 보조금이 필요하면 수업을 시작하는 해 2월 1일까지 등록 신청을 하면 된다. 독립학교를 설립하려면 3만 크로네(약 450만 원)의 신청금을 내고 학교가 문을 열기 전까지 정부에 신고한다. 학교가 문을 열면 신청금은 다시 돌려준다. 해마다 끊이지 않고 몇 건의 신청이 들어 온다. 최근 들어서는 이슬람교도의 이민이 늘면서 그들도 이미 스무 개 정도의 독립학교를 만들어 다른 독립학교와 같은 조건으로 덴마크 정부의 보조를 받고 있다고 한다.

독립학교법 제1조에서 밝히고 있는 것처럼 아이들이 공립학교 정도의 교육을 받는 거라면 독립학교에서 어떤 커리큘럼을 만들든 자유이다. 아이들은 집이든, 독립학교든 또는 공립학교에서든, 초등교육 과정에서 덴마크어와 영어 읽기·쓰기, 산수를 배우게 되어 있지만, 그밖에는 당사자에게 맡기고 있다.

교사 자격이 있는지 없는지는 필수 인가 조건이 아니라고 한다. 교사 자격을 가지고 있지 않은 교사의 급여도 공적 보조금에서 나온다. 큰 규모의 학교에는 교사 자격을 가진 교사가 많고, 지방의 작은 학교에는 상대적으로 그 수가 적다. 에프터스콜레 사무국장의 말로는 에프터스콜레에는 약 85% 교사가 자격을 가지고 있고, 나

머지 15%는 비상근으로 예술가·기술자·장인이 많다고 한다. 그
중에는 교사 자격을 얻기 위해 교육을 받기보다 대안적인 교육 과
정으로 교사가 된 데 자부심을 갖고 있는 교사도 많다고 한다. 교과
서도 무엇을 사용해도 좋다. 이사회나 교사들이 교재를 골라서 저
마다 연구를 더해 독자적인 수업을 하고 있다. 시험을 보든 보지 않
든 그것도 자유라고 한다.

그러나 자유가 가져다 준 그만큼의 책임도 함께 따르기 마련이
라 헌신적으로 노력하고 있다는 사실도 놓쳐서는 안 된다.

덴마크 교육시스템을 아주 이상적인 모델로 보는 견해도 적지
않다. 특히 대안교육 관계자들은 정파주의에 따라가지 않고 발전해
온 이 나라의 교육 시스템을 높이 사는 경향이 있는 듯하다. 우리가
만난 미국 대안교육자원센터 사무국장은 덴마크의 교육 시스템을
"믿을 수 없을 만치 긍정적으로 기능하고 있다"는 표현을 하기도
했고, 한국의 대안교육 연구자는 교육의 유토피아라는 의미로 '에
듀토피아'라 하기 도 했다.

확실히 덴마크 교육에서 배울 점은 한두 가지가 아니다. '삶을
위한 학교 교육'이나 생활 속에서 대화를 중시하는 모습, 연대의 문
화 등 세계적인 정신성을 덴마크 교육에서 읽어내기는 비교적 쉬운
일이다. 또 부모들의 학교 참가, 지역 주민과 함께하는 학교 만들

기, 독자적인 학교 평가법, 정부의 대안교육에 대한 적극적인 지원 등 기술적인 측면도 배울 점이 아주 많다.

마지막으로 대안교육이 소수파로 있는 의미에 대해 언급하고 끝을 맺고 싶다. 우리는 프리스콜레협회 사무국을 방문해서 사무국 직원인 오레 미켈센 씨와 이야기하면서 대안교육의 의미와 의의에 대해 다시 한 번 생각할 기회를 얻었다는 느낌이 들었다.

미켈센 씨는 소수파로서의 사회적 기능에 대해 다음과 같이 말했다.

"대안교육이 소수파라고 하는 사실은 소중한 의미가 있다고 생각합니다. 우리들처럼 자유에 가치를 두는 그룹은 주류가 되는 것보다 소수파로서 사회 전체에 지속적으로 영향을 미치는 것이 중요합니다. 덴마크 대안교육을 받고 있는 아이들은 10% 정도입니다만 그 10%가 지니는 뜻은 단지 숫자로만 따지기 힘들게 큽니다. 특히 사회 전체의 밸런스를 이루는데 그 역할은 지대합니다."

이런 미켈센 씨의 '감성'은 우리들에게는 발상의 전환을 가져다주었다. 대안교육에 대해 말할 때 아이들의 자주성이나 주체성, 권리 등 우리들은 어쨌든 교육의 질에 주의를 돌리고 그것들을 보편적인 가치로 보급하려고 하는 경향이 있지만, 교육 시스템 전체에서 양적인 밸런스라는 시각으로 바라보는 것 또한 중요한 것일지 모른다. 더 많은 놀이와 모험, 때로는 바람처럼 지나가기도 하고 좋은 것만 하려고 하는 것까지 용서되는 시스템의 구축, 달리 말하면 사회 시스템 가운데 10% 정도의 '틈새'를 열어놓는 문화를 만드는 것이 중요하다는 인식이야말로 교육 개혁에서 중요한 포인트라는 생각이 들었다.

덴마크 교육 관계자가 '자유'나 '아이들 중심'이라는 신교육 운동의 표어보다 '소수파' 또는 '소수파의 권리'를 표방하는 일이 많은 것도 시스템 개혁이라는 주제에서는 매우 흥미로운 점이다.

한국형 자유학교

협동 협업이 어려운 한국인

한 국가의 경쟁력은 창의력이다. 창의력은 집단지성이 모일 때 제곱으로 확대된다. 지금 어른이 된 한국인들은 대개 여럿이 함께 일하는 방법을 모르고 있다. 내가 생각할 때, 그 이유가 어른들이 어릴 때 받았던 학교 수업 방식 때문이라는 생각이 된다.

무슨 얘기냐면 초등학교 때부터 대학을 졸업할 때까지 학교 교실에서의 수업 형태는 일자형인데다 선생님은 교단에 있고 학생들의 책상은 줄을 지어 일렬로 선생님을 바라보고 있다. 가르치는 사람은 오직 한 사람이고, 나머지 60명(당시는 한반에 60명씩)은 모두 주입식 교육에 길들여졌다. 토론이나 의견의 발표, 연구한 것을 보고하는 식의 수업은 일 년에 한두 번 장학사가 오는 날뿐이었다.

공부를 잘하는 가장 좋은 방법 중의 하나가 배우는 데 그치지 않고, 자신이 배워 남에게 가르치려고 준비하는 것이다. 즉 학생들에게 그룹으로 연구 과제를 내어주고 그것을 토론으로 만들어 발표하게 하면 주입식으로 가르칠 때보다 10배는 더 많이 오래 기억에 남는다. 그런데 우리 세대는 그런 교육을 한 번도 받아 보지 못했다. 심지어 대학교나 대학원에 다닐 때도 마찬가지였다.

그런데 다행인 것은 세종블루자유학교 학생들은 다르다. 책상배치가 다르고, 공부방식이 다르기 때문이다. 주입식으로 배우면 일하는 방법도 고정 관념에 사로잡힌다. 한국인들의 머릿속에는 '컨베이어 벨트' 개념이 매우 깊이 고착돼 있다. 무슨 이야기냐면 A라는 사람이 자기 소관의 업무를 완벽하게 해서 B에게 넘기고, B 역시 자기 소관의 업무를 완벽하게 보태서 C에게 넘기는 릴레이식의 업무 수행 과정(process)을 일하는 방법의 정석인 것으로 착각하고 있기 때문이다.

그런데 이러한 방법으로 일하게 되면 A가 일할 때에는 B와 C는 A에게 힘을 보태줄 수 없다. 그래서 힘을 합쳐서 일하는 게 아니라

각자가 뿔뿔이 흩어져 일을 하는 것이다. 이러한 방법을 가지고는 시너지(synergy)를 낼 수 없으며, 따라서 국제 경쟁에 이길 수 없다. 하지만 이 릴레이식 업무 수행 방식이 낙후된 방식이라는 사실을 인식하는 사람은 별로 없어 보인다.

이것을 해결하는 방법이 브레인 스톰(brain storm)이다. '뇌 폭풍' 이란 뜻인데, 한 사람의 아이디어보다는 여러 사람의 아이디어가 모이면 폭죽처럼 큰 힘을 낼 수 있다는 뜻이다.

세계 2백개 국에서 6만 종의 제품을 판매하고, 근무 시간 15% 를 직원들 자유롭게 사용하도록 내버려두는 회사가 있는데, 그곳이 바로 3M이다.

3M은 전 직원 참여 토론을 통해 새로운 제품을 창조한다. 21세 기 중반, 제4차 산업혁명에 꼭 필요한 회사 경영 문화란 생각이 든 다. 왜냐? 작은 컴퓨터 한 대가 놓이면 개인용 컴퓨터에 불과하지 만, PC도 수백대를 네트워크로 연결하면 SC(슈퍼컴퓨터)가 되고, 거 기에 각종 데이터들이 종합되면 요즘 말하는 인공지능이 되듯이 사 원 한 사람 한 사람의 뇌가 합쳐지면 폭풍처럼 시너지 효과를 일으 킨다.

이러한 것이 가능하도록 하기 위해 자유학교적인 분위기에서 자 유학기를 보내고, 자유학년을 보낸 다음 자유학교를 졸업하여 자유

시민대학에 들어가면 된다.

기독대안학교와 자유학교

기독교대안학교가 많이 늘어나고 있는 것은 사실이다. 기독교대안학교가 건강한 성숙을 위해서 앞으로 개선되어야 할 점은 많다. 2017년 현재 기독교 대안학교는 265개가 있는 것으로 발표됐다. 2006년도에 43개가 있었는데, 그것이 2011년도에는 121개가 있었고, 2017년도에 265개, 5년마다 2배 이상씩 계속 성장하고 있는 것으로 파악이 되었다.

이렇게 급격하게 기독대안학교 수가 늘어났다는 것은 부모님이 아이들의 기독교 교육에 대한 의지가 강해지고 있다고 볼 수 있다. 이는 공교육에 대한 불안감이나 어떤 불만족과도 연결되어 있는 것을 반영한다고 할 수 있을 것이다.

근년들어 바뀐 특징은, 학제가 과거에는 일반 초등학교를 다니다가 중·고등학교는 대안학교에 오는 경우가 많았다. 그런데 최근 조사에서는 초등 대안학교, 그러니까 초등부터 초·중·고로 연결되어있는 12년제 학교들을 다니는 비율이 굉장히 높아졌다는 점이다. 초등 과정이 늘어났다는 것은 처음부터 대안교육을 선택했다는 의미이기 때문에 대안학교의 성격이 많이 바뀐 것이라고 볼 수도 있다.

과거에는 학교 부적응의 경향이 강했다면, 지금은 기독교 교육 의지나 대안교육 의지가 강한 분들이 이 기독교대안학교를 선택하는 경향이 강해졌다는 의미로 해석할 수 있다. 하지만 대안학교법이 통과되어 시행되고 있음에도 불구하고 여전히 기독교대안학교들은 미인가가 많다.

미인가 대안학교가 계속 늘어나고 있다는 것은 긍정적인 면으로는 탈권위, 탈노선, 탈공교육화를 지향하는 것이다. 하지만 부정적인 면은 학부모들의 재정 부담 비율이 굉장히 높다는 데 있다. 미인가 시에는 정부 지원을 받지 못하기 때문에, 그 학교들은 재정 문제를 어떻게 풀 것이냐가 큰 고민 중의 하나이다. 이 재정적인 부분이 갈수록 학교들의 고민거리가 되고, 또 경제적으로 어렵다보니까 부모님들은 재정 부담에 어려움을 느끼게 된다. 이것이 대안교육을 이탈하는 가장 큰 요인이다.

이 재정문제 때문에 기독교의 대안학교에서는 덴마크의 자유학교를 염두에 두고 있고, 공교육쪽에서는 자유학기제나 자유학년제를 통한 느슨한 교육을 모색해보는 쪽으로 자유학교 제도를 저울질하고 있다.

덴마크는 전체 학생의 12% 정도가 자유학교를 다닌다. 그런데 지금 우리나라의 경우 기독교 대안학교에 다니는 학생 수는 우리나라 전체 초중고학생 수의 0.44% 정도이다. 이것은 엄청난 차이다.

미국에서의 자유학교 운동

1960년대 미국의 자유학교 운동과 홀리스틱 교육은 1960년대 미국에서 발생한 사회 운동과 맥을 같이하고 있다. 현대 사회의 테크노크라시의 비판으로 시작되어 교육을 포함한 사회의 전체적인 변화와 인간 중심적인 참여 민주주의 교육을 실현하는 것을 추구하였다. 자유학교 운동은 1967년부터 1972년에 가장 왕성하였으며, 짧게 생존하였지만 나중에 더욱 광범위한 교육 개혁인 공립 대안학교, 차터스쿨, 홈스쿨링의 아이디어에 영향을 미쳤다.

자유학교 이론에서 진정성, 민주적 공동체, 유기적 학습, 자연적 성장 등을 강조하는 것은 홀리스틱 교육에서 추구하는 것과 일치한다. 또한 자유학교 운동과 홀리스틱 교육 모두 문화 비판을 하였으며, 기존 세계관에서 탈바꿈되는 의식의 전환을 강조하였다. 자유학교 운동은 인간의 진정성과 정체성을 찾는 교육 운동이었는데, 이는 현대 과학·기술 사회에 많은 시사점을 주고 있다.

스웨덴의 자유학교 전국 430개

또 다른 교육 강국 스웨덴은 1994년 우리의 초등·중학교에 해당하는 기초 학교 선택권을 100% 학부모들에게 부여함으로써 교육과정이 자유로운 우리의 사립학교와 비슷한 '자유학교' 설립을 허용하였다.

이 자유학교가 대도시를 중심으로 조금씩 늘면서 현재 전국적으로는 자유학교 비율이 8.4%(430개)나 된다. 공립학교의 경우 국가가 학교 급식비과 교재비까지 모두 무상지원하듯이, 자유학교에도 재학생 수에 근거해 교육비를 똑같이 지원하고 있다. 별도의 부담 없이 자녀가 가고 싶은 학교를 택할 수 있고, 학교나 교사들이 학생들의 요구에 적극 부응하고 있다. 자유학교의 설립 취지답게 대개 공립학교 교사 몇 명이 학교를 나와 건물을 짓고 학생을 모집하는 방식이어서 철저한 수요자 중심의 교육이 가능하다.

문제점이라면 돈으로 직결되는 학생 수를 늘리기 위한 학교 간 경쟁이 교육 현장의 왜곡으로 이어질 개연성이 커질 수 있다는 점이다. 스웨덴의 자유학교에서는 경비 절감을 위해 학부모들에게 학교 청소를 맡기기도 해 불만을 사고 있기도 하다. 또 문제점으로 부각되는 한 가지는 자유학교를 20여 개 이상 거느리는 교육 주식회

사가 여럿 등장해 학교를 이윤 창출의 투기장으로 변질시키는 양상
마저 나타나고 있다는 점이다.[6]

지자체 교육 책임자의 과반수 이상이 학교 선택권은 학교 교육
과정의 특성화를 유도하고, 교재와 교수법의 개선에 기여하고 있는
것으로 답변하고 있다.

학부모들중 다수는 교육 수요자 측면에서 교육과정에 개입할 수
있는 기회를 넓혔고, 학교와 교육 당국도 변화에 능동적 태도를 보
이고 있다는 반응이다. 하지만 학교 선택권이 사회계층적 분리를
악화시킬 수 있다는 점은 꾸준히 지적되고 있다고 한다. 그 일례로
도시 지역의 학부모 67%가 적극적으로 선택권을 행사한 반면, 농
촌 지역은 34%에 그쳤다.

한편 부모의 학력차도 영향을 미친다는 점이다. 다른 지자체의
공립학교나 자유학교로 자녀를 진학시킨 부모의 60~70%가 대학
졸업자, 농촌 지역에서 선택권을 행사한 부모 역시 대개 대졸자, 이
에 비해 고교만을 졸업한 부모를 둔 자녀들의 선택권 행사율은 현
저히 떨어졌다

그렇다고 문제점이 없는 것은 아니다. 인종과 성적에 따라 실제

---

6) 출처:중앙일보.

학생들이 분리되고 있기 때문이다. 또 지자체별로 학교 수와 시설 차이 때문에 선택권을 행사할 수 있는 기회의 차가 커진다는 점도 문제이다.

나는
차유학교에
간다

WELCOME

부 록

기사 자료

'선데이' 스쿨뿐 아니라 '에브리데이' 스쿨도 세워야

크리스천투데이 이지희 기자(2016.09.01.)

'대안학교를 넘어 자유학교로'… 입법 청원하는 김재헌 목사

2016년 하반기부터 전국 중학교에서 학생들의 진로 탐색을 지원하는 자유학기제가 전면 시행됐다. 자유학기제는 학생들이 한 학기 동안 중간고사, 기말고사 등 시험 부담 없이 진로 탐색, 동아리, 예술·체육 활동 등을 하는 것으로, 학생이 자기 주도적으로 진로 체험 계획을 세우면 학교가 출석을 인정하는 자기 주도 진로 체험과 한 학기 두 번 이상의 종일 체험 활동도 포함하고 있다. 학생 생활기록부에는 서술형으로 기재되며, 고교 입시에도 반영하지 않는다. 정부는

▲덴마크의 자유학교. ⓒ자유학교법 입법청원 국민운동본부

2013년부터 시범 운영을 거쳐 올해부터 모든 중학교가 교원과 학부모의 의견을 수렴해 1학년 1학기부터 2학년 1학기 사이에 자유학기제를 운영할 학기를 선택하도록 했다.

하지만 자유학기제 운영을 위해 전문가가 아닌 일반 교사나 기존 진로 진학 상담교사가 나서야 하며, 마땅한 자발적 참여 수업 프로그램이 부족하기 때문에 효율성이 떨어지고 자칫 사교육 시장만 키울 수 있다는 우려가 크다.

정규 학교에 적응하지 못한 학생들을 위해 공교육의 대안으로 등장한 대안학교도 한계를 보이고 있다. 국내 대안학교 500여 개 중 허가받은 학교는 5%가 안 되며, 대부분은 커리큘럼·교육비 등에서 법의 간섭과 침해를 피하고자 자발적 미인가 대안학교로 남아 있다. 특히 현재 대안학교법으로는 교회가 원하는 신앙 교육과 지성 교육을 마음대로 할 수 없는 상황이다.

그래서 최근 대안으로 부각되고 있는 것이 자유학교다. 지난 4월 한국교회 지도자들을 중심으로 발족한 '자유학교법 입법청원 국민운동본부' 김재헌 본부장은 "대안학교는 현행 학교에서 부적응한 학생을 대상으로 하는 것이 목적이라면, 자유학교는 그것을 뛰어넘어 국가 주도의 교육 형태를 민간이나 개인·단체가 할 수 있도록 한 것"이라며 "한국 교회가 주일 학교도 부흥시켜야 하지만, '선데이(Sunday)' 스쿨뿐 아니라 사실 '에브리데이(Everyday)' 스쿨을 세워야 진정한 기독교 가치를 가진 미래 세대를 양성해낼 수 있다"고 주장했다.

교육의 의무는 있지만 취학의 의무 없는 교육 강국 '덴마크'

자유학교는 덴마크의 실천적 사상가이자 목사인 그룬트비에 의해 150여 년 전 시작됐다. '덴마크의 국부'로 불리는 그룬트비 목사는 19세기 중반 프로이센과의 전쟁에서 패하고 영토의 25%를 잃은 조국을 일으키기 위해 스스로의 노력과 능력, 내부의 자원을 찾아내면 반드시 하나님께서 민족을 축복하신다는 확신을 가지고 내발적 발전론을 주장했다.

이를 구체화한 것이 자유학교다. 자유초등학교, 자유중학교, 시민대학 등이 세워지면서 평민을 깨우고 이들이 다양성을 가지고 일하게

◀ 덴마크의 국부로 불리는 그룬트비 목사는 내발적 발전론을 주장하며 자유학교를 세워 평민을 깨우고 덴마크를 부국으로 성장하도록 이끌었다. ⓒ자유학교법 입법청원 국민운동본부

하면서 덴마크는 부국으로 성장했다. 공립학교에서의 의무 교육뿐 아니라 교육부가 제시한 기준에만 맞으면 정부는 별다른 간섭 없이 재정을 지원한다. 교육의 의무는 있지만, 취학의 의무는 없는 덴마크에서 자유학교는 창의성·자율성·협동적 실천이라는 핵심적인 정신 위에서 존재한다. 현재 덴마크에는 자유학교가 500여 곳이 있으며, 전체 학생의 13.4%가 공부하고 있다.

우리나라에서 올해 전국 중학교에 도입되는 자유학기제는 아일랜드, 덴마크 등이 모델이 됐다. 덴마크에서는 초중학교 졸업생이 1년간 선택적으로 자유학교에 진학할 수 있게 한 자유학기제(애프터스쿨제)를 운영한다.

이처럼 교육 선진국에서는 국가 행정 당국의 간섭은 최소화하고 삶을 가르치는 교육, 내재적 다양성을 존중하고 개별적으로 교육할 수 있도록 학교 설립의 자유, 또 학교 선택의 자유, 진로 선택의 자유를 보장한다. 하지만 한국에서는 현행 교육법 상 학교 밖 모든 교육은 교육법 위반, 대안학교법 위반, 학원법 위반으로 처벌의 대상이 되고 있다.

자유학교법 입법청원 운동 본격 시작

자유학교법 입법청원 국민운동본부는 다음 총선인 4년 뒤까지 총 300만 명의 서명을 목표로 하고 있다. 지금까지 거창 중앙교회(이병렬 목사), 광명 한소망교회(김성일 목사), 서울 영광교회(김변호 목사), 인천 산곡제일교회(이용범 목사), 부산 말씀교회(김두식 목사), 광주 광산교회 (윤홍성 목사) 등 전국 18개 지역 교회에서 세미나와 서명 운동을 진행 했다.

김재헌 본부장은 "한국 교회 회복과 국가의 미래를 위해서는 다음 세대를 위한 대안교육밖에 답이 없다"며 "지난 1년간 물밑 작업으로 전국 조직을 만들어 우선 전국 1천여 개의 교회를 돌며 한국 교회가

▲자유학교법 입법청원 국민운동본부 김재헌 본부 장은 "한국 교회가 주일학교도 부흥시켜야 하지만, 사실 '선데이(Sunday)' 스쿨뿐 아니라 '에브리데이 (Everyday)' 스쿨을 세워야 진정한 기독교 가치를 가진 미래 세대를 양성해낼 수 있다"고 주장했다. ⓒ이지희 기자

빼앗긴 '교육'이라는 부흥카드를 국가로부터 되찾는 운동을 하기로 했다"고 말한다. 지금까지 오프라인으로 1만3천여 명이 서명했고, 온라인으로는 3천여 명이 서명했으며, 연말까지 10만 명의 서명을 받을 예정이다.

자유학교법 입법청원 국민운동본부는 자유학교법이 통과되면 중형 교회 이상의 교회가 학교를 세울 때 국가로부터 지원받을 수 있을 것으로 기대한다. 1년에 자퇴생이 7만여 명, 현재 공교육 밖의 학생이 35만 명이라면 교육부 1년 예산 중 일부는 이들 개인이 자유학교, 대안학교, 직업훈련학원 등에서 교육받기를 원한다면 바우처 형태로 교육기관에 지급하도록 요구하는 것이다.

다음세대 잡으려면
"학교 선택, 수요자가 해야"

크리스천투데이 이지희 기자(2016.09.05.)

'기성복' 같은 한국 공교육, 사교육 의존에 한몫

"어느 외딴 섬마을에 국가로부터 각종 지원을 받는 옷가게가 있다. 옷가게는 디자인과 색상이 동일한 한 사이즈의 기성복만 보유하고 있다. 손님이 '사이즈가 다르다', '색상이 마음에 들지 않는다'고 말하면 점원은 '다른 곳에 가서 옷을 사라'고 말하기 때문에, 울며 겨자먹기 식으로 손님들은 그 가게에서 옷을 살 수밖에 없다."

《대한민국 교육혁명 학교선택권》의 저자 오호영 박사는 이같은 이야기를 예로 들면서 대한민국 공교육이 이 외딴 섬마을의 옷가게와 비슷한 꼴이라고 통분한다. 그는 "성인 남자 옷가게가 100~105 사이즈만 갖춘 꼴"이라며 "이런 옷가게는 결코 성공할 수 없으며, 성공해서도 안 된다"고 말한다.

김재헌 목사는 "때문에 결국 소비자는 기성복을 사서 자신의 체형에 맞도록 길이를 줄이는 등 수선을 하거나, 경제적으로 여유가 있는 사람은 아예 기성복을 포기하고 맞춤형의 값비싼 옷을 사 입을 수밖에 없다"며 "사교육에 의존하거나 외국 조기 유학, 대안학교가 그런 예"라고 지적했다. 기형적인 사교육 현상은 국가가 조장한 부분이 분명 있다는 이야기다.

김 목사는 "조기유학과 사교육 시장에 천문학적 비용을 쏟아 부어 가정경제가 파탄나고 교육의 빈부격차는 심화되고 있다"며 "이제 우리나라도 다른 선진국처럼 수요자에게 학교 선택권을 되돌려줘야 한

▲ 지난 4월 18일 거창중앙교회에서 진행된 자유학교법 입법청원 운동본부 주최 일일세미나 참석자 단체 사진. 다음 총선인 4년 뒤까지 총 300만 명의 서명을 목표로 하는 주최 측은 이날 전국 투어의 첫모임을 가졌다.

다"고 덧붙였다.

미래형 교육으로의 전환은 선택 아닌 필수

작년 경제협력개발기구(OECD)가 전 세계 각 나라의 만 15세 학생을 대상으로 조사하는 국제학업성취도평가(PISA)에서 한국 학생들의 성적은 최상위권이지만, 학업에 대한 흥미도는 최하위권으로 나타났다. 교육 당국의 획일적인 교육 방침은 사실상 미래의 창의적인 인재 양성에 걸림돌이 되고 있는 것이다. 공교육 밖에서 방황하는 35만 명에 이르는 학생도 교육 예산의 혜택에서 소외되어 있다.

미래 사회를 선도해 나갈 창의적이고 문제 해결력이 뛰어난 미래형 인재를 적극적으로 키우기 위해서는 미래형 교육으로의 전환이 필수다. 교육 패러다임도 학생 중심으로 바뀌어야 한다. 아이들이 가진 재능과 개성을 살려서 스스로 창의적인 결과물을 만들어내도록, 지금까지 교육의 중심에 서 있던 국가나 지방자치단체, 학교, 교사가 아이들을 적극적으로 돕는 위치에 서야 하는 것이다.

교육 선진국들의 사례를 살펴보면, 미국의 경우 미래형 인재를 길러내기 위해 시험 제도를 바꾸었다. '무엇을 아는가'를 측정하던 시험을 '무엇을 할 수 있는가'를 묻는 시험으로 전환했다. 미국의 사립학교는 물론 자율로 운영되는 공립학교 차터스쿨은 학력 평가에서 두 번 낙제점을 받은 재학생이 전학갈 수 있게 했다. 캐나다, 미국에서 특목고인 마그넷스쿨과 일반계 학교 특수 목적 학급을 귀족 학교로 매도하는 사람은 없다. 오히려 이곳에 다니는 학생들의 재능을 돕기 위해 지원한다.

세계적인 교육 강국인 덴마크, 네덜란드, 핀란드, 스웨덴은 학부모에게도 학교 설립권을 부여한다. 학생을 30명 이상만 모집하면 인가해주며, 국가가 운영비를 지원한다. 커리큘럼 등의 간섭은 없다. 학생이 없으면 폐교되기 때문에 학교와 교사는 온갖 정성을 다해 지도하게 된다.

뉴질랜드에서는 1988년 교육부 권한을 개별 학교로 이관해, 교육부 인원 4천 명을 400명으로 감축하고 지역 교육청을 폐지, 학교 자율 경영 체제를 수립해 학부모가 양질의 교육을 제공하는 학교를 선택할 수 있는 제도적 기반을 마련했다.

김재헌 본부장은 "이렇게 선진국이 모두 교육 경쟁을 위해 총력을 쏟고 있는데, 한국은 공교육이 붕괴되고 있다"며 "지금 우리나라 초중등학교는 21세기 학생을 20세기 교사가 19세기의 학교에서 가르치는 형국"이라고 지적한다. 인터넷과 스마트폰, 페이스북과 같은 21세기 문명의 홍수 속에 살아가는 학생들의 사고 방식과 가치관, 반응은 기성 세대와는 크게 달라졌는데, 학교를 규율하는 관료주의와 획일성은 19세기와 다를 바 없고, 교사는 여전히 권위주의에서 벗어나지 못하고 있는 문제점을 꼬집은 것이다.

그는 이러한 문제의 완전한 해결책은 교육의 중심을 수요자 중심에서 소비자 중심으로, 획기적인 전환이 일어나는 것이라고 주장한다. 그리고 그 실천 방안은 자유학교법의 입법을 통해 교육 평등권,

교육 자율권을 확보하는 것이라고 강조한다.

자유학교법 입법청원 운동의 세 가지 목표

자유학교법 입법청원 운동의 핵심 목표는 세 가지다.

첫째, 교육의 주체가 학생과 학부모임을 선언하고, 교육 소비자인 학생과 학부모에게 학교 선택권을 보장하는 것이다. 이를 법적으로 명문화하고, 이에 따른 차별과 장애들을 법적으로 제거한다.

둘째, 덴마크, 스웨덴, 미국과 같이 학교의 설립과 인가가 자유로워야 한다. 학교의 설립과 운영이 더 이상 국가와 몇몇 대형 사학 재단의 전유물이어서는 안 된다. 뜻있는 개인, 사회단체 및 종교단체 등 누구든지 교육에 대한 이해와 의지가 있으면 학교를 설립할 수 있어야 한다.

셋째, 학교 선택권을 사용하여 유학, 대안교육, 검정고시 준비, 자퇴 후 직업교육 이수, 홈스쿨링 등을 하고 있는 학생과 학부모들에겐 국가가 교육비 전액을 부담해야 한다.

2016년 교육부 예산 총액은 63조 969억 원, 총지출은 55조 7,299억 원으로, 2015년 54조 8,998억 원 대비 8,301억 원(1.5%) 증가했다. 회계 기금별로는 일반회계 50조 4,149억 원, 지역발전특별회계 8,573억 원, 사립학교교직원연금기금 4조 4,577억 원, 사학진흥기금 2,439억 원이다. 또 시도교육청에 보낸 보통교부금은 39조 8,257억 원으로, 작년보다 1조 8,000억 원 늘어났다. 교육부 전체 예산을 학령기 인구 14학년(유치원 2년, 초중고 12년) 학생 887만 명으로 나누었을 때 학생 1인에게 돌아가야 할 교육 예산은 매년 약 721만 원(월 약 60만 원)이다.

특히 저출산 고령화 시대를 맞아 한 사람의 인재가 아쉬운 때, 자퇴 학생 수가 증가하는데도 단지 학교에 가지 못한다는 이유로 교육 세금의 환급 혜택을 받지 못하는 이들을 위한 지원이 절실하다.

▲ 지난 7월 말 세종시에서 진행된 자유학교법 입법청원 운동 기자회견 당시 모습.
ⓒ이지희 기자

자유학교법이 필요한 이유

자유학교법 입법청원 국민운동본부가 위의 세 가지 목표를 설정한 데에는 몇 가지 이유가 있다.

1. 학교 선택권

스웨덴, 미국 등에서는 1990년 초반 교육 개혁을 시작해 성과를 거두었다. 학교 선택권은 스웨덴의 자유학교, 미국의 차터스쿨 등으로 교육 개혁 정책으로 자리잡았고, 공교육의 대안으로까지 평가받고 있다. 자유학교, 차터스쿨 등은 누구나 자유롭게 학교를 설립할 수 있도록 하고 교육비는 정부가 부담하는 제도다. 기업이 학교를 설립해 학교 운영으로 이익을 얻을 수도 있다. 규제와 관료주의로 운영돼 온 공교육 시스템에 시장적 요소를 도입하여 혁신과 다양성·자율성을 높인다는 점에서 새로운 시도다.

2. 공급자 중심 교육의 한계

현행 교육 시스템이 안고 있는 근본적인 한계는 공급자 중심이다. 따라서 교육 소비자에게 학교 선택권을 보장하는 코페르니쿠스적 발상의 전환이 필요하다. 학교라는 울타리 안에서만 일어나는 교육만이 교육이라는 고정 관념을 깨야 학벌 중심, 학연 중심의 악순환의 고리는 끊어지고 다양한 실험적인 교육의 시도가 가능하다.

3. 다양한 교육이 반드시 필요하다

교육은 미래를 만드는 토양임과 동시에 에너지원이다. 획일적이고 보편적인 교육은 지금과 같은 자유 시대에는 중요하지 않은 가치다. 국가가 교육을 너무 강조하면 학생들이 선택할 수 있는 미래 직업은 많지 않다. 오히려 교육은 자녀가 자신의 인생을 성공적으로 만들기 위해 목표와 계획, 즉 진로 설계를 짜도록 지도하는 선에서 끝나는 것이 좋다. 지식을 주는 교육보다 방향을 정할 때 힌트를 주는 인문학적이며, 미래지향적 · 철학적 사고를 갖는 교육이 더 중요하다.

4. 학교설립은 누구나 할 수 있어야 한다

산업화 시대에는 현재와 같은 국가 독점적 구조의 베푸는 학교 교육이 큰 역할을 했다. 보통교육을 통해 보통시민을 배출하여 대량생산 위주의 산업화 시대에 맞는 인력을 짧은 기간에 대규모로 배출한 것이다. 그러나 시대는 변하고 산업 구조도 바뀌었다. 교육 시스템은 과거 패러다임에 머무는데, 미래 사회가 요구하는 인재 유형은 달라지면서 교육 수요자인 학생과 학부모가 찾은 출구가 사교육, 홈스쿨링, 해외유학, 대안교육 등이다.

교육의 자유 조항이 들어 있지 않은 대한민국 헌법은 사실 일본의 학교 제도에 기인했다고 국가교육국민감시단 김정욱 사무총장은 말한다. 김재헌 본부장은 "교육에 국가독점적인 구조는 공정거래법상으로도 가장 근본적인 문제"라며 "우리 헌법에는 교육의 자유를 별도 조항으로 두고 있지 않아서인지 각종 교육 관련 법규에서 교육의 자유를 제한하고 있다"고 지적했다. 국가가 교육 예산, 교육기관 운영, 교육 내용 편성, 교사의 임명, 교과서 제작 등 교육 전반에 대해 법규로 통제하고, 최종 권한을 정부(교육부)가 행사하는 것은 문제가 있다는 것이다.

김재헌 본부장은 "이제는 획일적 교육을 배제하고 모든 교육은 에

듀케레(이끌어 내다)의 방식으로 변화해야 한다"며 "자유학교제가 추구하려는 교육 혁명은 에듀케레식 교육"이라고 다시 한 번 강조했다.

주일학교가 30여 명에서 1천여 명 규모로 부흥한 거창 중앙교회 이병렬 목사는 "주일학교 사역을 하면서 일주일에 한두 번 만나는 관계 속에서는 예수님의 십자가로 성품 훈련을 하는 데 한계를 느꼈다"며 "10여 년 전부터 하나님이 주신 기도 제목으로 '우리나라 교육 제도의 대혁명이 일어나게 해달라'고 기도해 왔는데, 작년 1월 김재헌 본부장을 만나면서 자유학교가 무너진 공교육 현장의 대혁명을 일으킬 것으로 확신했다"고 말했다.

이 목사는 특히 "유럽이 한 세대를 놓쳐 교회가 무너지는 것을 보면서 우리는 다음세대를 놓쳐서는 안 된다고 느꼈다"며 "하나님의 뜻을 이룰 사명 민족으로 세워진 우리가 주일학교 활성화와 자유학교의 현장화에 앞장서 교육 분야에 한 지평을 열게 되기를 확신한다"고 말했다.

한편 김재헌 본부장은 충북 오창 나눔교회를 개척한 후 3년 전 분리해 나와 세종시 세종나눔교회를 개척했다. 《16살, 내 꿈이 평생을 결정한다(3권 시리즈)》로 베스트셀러 작가이기도 한 그는 《e-비즈니스》, 《세상을 확 바꾼 체인지 메이커 75》, 《성공 인생노트 77》, 《10대가 가기 전에 할 일 33》, 《내 인생 최고의 순간은 아직 오지 않았다》 등 다수의 저서를 펴냈다. 올해 안식년을 맞아 그는 자유학교 운동을 본격적으로 시작했다. (끝)

자유학교법 입법청원 국민운동본부를 이끄는 김재헌 목사
"대안학교 · 홈스쿨링도 교육비 제공을"

글 /양민경
사진 /강민석 선임기자
(국민일보, 2016.05.11.)

"이제는 교육의 주체가 국가에서 학생과 학부모로 바뀌어야 합니다. 국가 주도형인 획일적인 학교 교육을 벗어나야 창의적인 미래형 인재를 키울 수 있습니다."

비정부기구(NGO) 프라미스코리아와 자유학교법 입법청원 국민운동본부를 이끌고 있는 김재헌(55 · 사진) 목사의 말이다. 11일 서울 여의도 국민일보에서 만난 김 목사는 "지금껏 공교육은 학생과 학부모에게 선택의 여지를 주지 않았다"며 "교육의 초점이 학생과 학부모에

게 맞춰져 이들이 자유롭게
교육과정을 선택할 수 있도
록 가칭 '자유학교법'을 제정
해야 한다"고 주장했다.

김 목사가 주창하는 자유
학교법의 골자는 교육 소비
자인 학생과 학부모에게 학
교 선택권을 보장하라는 것
이다. 학교 선택권 보장 방
안으로는 국가나 거대 사학
재단이 아닌 교회 · 사회단

▲ 자유학교법 입법청원 국민운동본부를 이
끄는 김재헌 목사

체 등 다양한 주체가 학교를 설립할 수 있도록 하고, 대안학교나 홈스
쿨링 등 공교육 외 교육 방식을 선택한 학생에게 교육비를 제공하라
는 것이다. 그는 "덴마크, 스웨덴 등 선진국은 학교 설립 · 인가가 자
유로운데다 대안교육이나 유학, 검정고시를 준비하는 학생에게 국가
가 교육비를 제공한다"며 "공교육을 벗어났다고 해서 학부모가 자녀
의 교육비를 모두 부담하는 것은 형평에 어긋난다"고 했다.

김 목사는 공립학교 적응을 어려워하는 중도 탈락 학생을 위한 대
안학교 '프라미스 글로벌스쿨'을 2007년에 설립한 경험이 있다. 학생
30명을 모집해 캠프, 예술 교육 등 다채로운 교육 방식을 채택해 지
도했으나 3년 전 경영난으로 문을 닫았다.

그는 "국내 공식 대안학교가 200여 개, 비공식 학교가 500여 개가

있는데, 학생 수가 적고 운영비를 학비에 의존하다 보니 존폐위기에
처한 곳이 대부분"이라며 "자유학교법이 시행되면 대안학교의 경영
상 어려움은 조금이나마 해소될 것"이라 전망했다.

김 목사는 자유학교법 입법을 위해 한국 교회 등 시민사회를 대상
으로 '300만 명 서명 운동'을 펼칠 계획이다. 그는 "자유학교법은 교
회 내 학교를 세우기 원하거나 주일학교를 살리고자 하는 목회자들에
게 큰 도움이 될 것"이라며 "한국 교회가 다음세대를 창의적으로 교
육하는 일에 나서달라"고 당부했다.

기독교방송 C채널 인터뷰

교육에 대한 고민은 비단 자녀를 둔 부모들이나 교육 주체인 학교만의 문제는 아닐 겁니다. 교육이야말로 국가의 미래를 내다보는 가장 중요한 문제이기 때문에 그렇습니다.

오늘 이슈를 보는 창에서는 자유학교법 입법청원 운동을 벌이고 있는 김재헌 목사님 모시고 자세한 말씀 들어보도록 하겠습니다.

목사님 안녕하십니까?

자유학교법이란?

⟨문강원⟩

● 교육의 문제, 참 너나할 것 없이 고민하게 되는 영역인데요. 목 사님도 그런 고민 속에 자유학교법 입법청원을 하셨을 것 같은 데, 먼저 자유학교법이라는 게 무엇인지 설명을 해 주셨으면 좋 겠습니다.

⟨김재헌⟩

● 자유학교법이란 한 마디로 자유롭게 학교 설립과 학교 선택을 하게 하자는 덴마크에서 시작된 학교 제도입니다. 자유학교란 대안학교, 홈스쿨링 포함하여 누구나 일정 요건을 갖추면 학교 를 설립하고, 또 운영할 수 있으며, 학생들은 동일한 교육부의 등록금등 보조를 학생 개개인이 받게 하자는 운동입니다.

국내 기독교 대안학교 분포

⟨문강원⟩

● 현재 우리나라에 기독교 대안학교도 참 많이 있죠? 그 분포가 어떻습니까?

〈김재헌〉

● 대안학교 또는 기독교 대안학교는 현재 약 400여 개 이상 설립
되어 있지만, 재정적으로 매우 열악합니다. 이를 개선하려면 반
드시 자유학교법이 제정·통과 되어야 합니다.

국내 홈스쿨링 분포

〈문강원〉

● 홈스쿨링 분포도 파악이 되나요?

〈김재헌〉

● 홈스쿨링 분포를 보면 전체 인구의 약 1~2%가 홈스쿨링을 하
고 있습니다. 홈스쿨은 부모의 선택에 의해서 할 수 있지만, 홈
스쿨링연맹을 통해 정보 교류와 단체 행사를 하고 있습니다. 의
무 교육법이 있지만, 국가는 권고만 하고 있지 처벌을 한 사례
는 없습니다.

대안학교·홈스쿨링에 대한 인식

〈문강원〉

● 예전하고 비교할 때 대안학교나 홈스쿨링에 대한 인식도 많이
바뀌지 않았습니까?

〈김재헌〉

● 예전에는 학교 부적응 아이들이 가는 학교로 인식됐던 것도 사
실입니다.

● 지금은 확고한 교육관으로 선택하는 부모들이 늘어나고 있습니다. 문제는 과도한 교육비가 전액 학부모들의 몫이라는 것입니다. 이를 개선하기 위해 국가 교육 예산 72조 원을 개별 학생들에게 나누어 주어 학교를 선택하게 하자는 겁니다.

자유학교 입법청원 내용

〈문강원〉

● 이렇게 실제적인 교육 환경은 알게 모르게 변하고 있는데, 교육 정책은 그 변화에 따라오고 있지 못하다! 목사님은 이렇게 생각하고 계신 거죠? 자유학교법 입법청원 내용에는 구체적으로 어떤 게 포함돼 있습니까?

〈김재헌〉

● 다양한 주체가 학교 설립할 수 있도록 하자는 것입니다. 개인은 물론, 교회나 단체 등이 자유롭게 학교를 설립하고 운영하도록 돕자는 것입니다. 지금과 같은 4차 산업혁명 시기에는 굳이 교실 수업 방식이 아니어도 얼마든지 교육이 가능한 시대가 되었습니다.

자유학교법 입법 이후 변화는?

〈문강원〉

● 말씀하신 내용들이 모두 수용되면 이전과 어떤 것이 달라지게 되나요?

〈김재헌〉

● 무엇보다 사교육이 사라지게 됩니다. 학위는 학교에서, 공부는 학원에서 하는 비효율적이고 과도한 고비용을 자유학교를 통해 원천 개선할 수 있다는 말씀입니다. 나아가 자녀 각각의 개성에 맞춘 창의적이고 독립적인 교육이 가능하게 됩니다.

교육 주체가 된다는 의미는?

〈문강원〉

● 교육에 대해 문제를 인식하고 걱정하면서도 막상 부모인 내가 교육의 주체가 된다? 부담스러워하는 부모님들도 있을 것 같아요.

〈김재헌〉

● 부모가 교육의 주체가 된다는 의미는 한 마디로 내 아이에게만 맞는 특성 교육을 선택할 수 있다는 것입니다. 어떻게 보면 이 세상에 나에게 맞는 학교가 있다면 아이를 그 학교에 보내어 맞춤 교육을 할 수 있습니다. 과학 영재, 음악 영재, 미술 혹은 예술 영재, 수학 영재 등등 나아가 골프나 수영 등의 영재들은 어려서부터 길러내는 교육이 자유학교의 목표이자 과제입니다.

자유학교법 입법을 위한 서명 운동

〈문강원〉

● 자유학교법 입법을 위해 서명운동도 벌이신 것으로 알고 있는

데, 현재 진행 상황은 어떻습니까?

〈김재헌〉

● 현재까지 3만여 명이 청원 서명해주셨고, 계속적으로 서명 운동을 전개해나갈 계획입니다. 이미 국회에서 입법을 위한 세미나도 열었으며 곧 구체적인 법안을 만들어 상정할 계획입니다.

〈문강원〉

무엇보다 바른 교육을 시키기 원하는 것은 우리 모두의 바람일텐데요. 모쪼록 계획하신 일들이 우리나라의 교육에 큰 혁신이 되는 일이 되시길 바라겠습니다. 오늘 말씀 감사합니다.

'교육과 학습', 자유학교의 출현으로 승부해야

서울매일 유주형 기자(2016.08.08.)

학교의 선택권을 교육 당국이 아니라 학습자에게 부여

자유학교법 입법청원 운동본부(본부장 김재현 목사)가 최근 세종시 토즈에서 기자 회견을 갖고 자유학교법 제정을 통한 공교육의 질 향상에 정부가 적극 나서줄 것을 촉구했다.

교육부는 지난 2013년 4월 자유학기제를 도입 시행할 전국 42개 연구 학교를 발표, 9월부터 시범 시행에 이어 2014~2015년 말까지는 희망 학교의 신청을 받고 2016년에는 중학교 전체에 전면 도입한다는 내용의 "자유학기제 시범운영계획"을 발표했다. 이에 따르면 자유학기제 연구 학교 학생들은 중간고사와 기말고사 등 지필 시험을 치르지 않고, 고교 입시에도 자유학기의 성적은 반영되지 않는다. 자율과정은 진로탐색 활동, 동아리 활동, 예술·체육 활동, 선택 프로그램 활동 등으로 채워진다. 또한 한 학기에 두 차례 이상 종일 체험 활동을 실시하여 학생이 스스로 진로 체험 계획을 세우면 학교가 출석으로 인정하는 자기 주도 진로 체험도 시행된다.

이러한 자유학기제는 박근혜 정부의 핵심 교육 공약으로, 학생들이 중학교 한 학기 동안만이라도 시험 부담 없이 자신의 꿈과 끼를 찾는 진로 탐색 기회를 가져야 한다는 취지에서 마련된 정책이다.

이제 오는 2016년 2학기부터 자유학기제가 전국의 중학교에서 본격적으로 시작된다. 2학기부터 중학교 1학년 학생들은 오전은 교과 수업, 오후에는 자유학기 수업을 받게 되는데, 정부의 핵심 공약으로 도입된 제도이지만 여전히 한계와 문제가 남아 있다.

이에 자유학교 입법청원 운동본부는 기자 회견을 통해 "교육부의 1년 예산은 63조원으로 학교 밖 학생에게도 매월 60만 원씩 혜택이 돌아가야 한다"고 밝히고 "1년에 7만 명의 학생들이 자퇴를 하고, 2만 명의 학생들이 한국을 떠나 유학을 간다"면서 "이들에게 돌아가야 할 국민 세금이 낭비 혹은 잘못 전용되고 있고, 과다한 인건비 지출과 건물 중심의 투자를 지양하고, 이를 개인 청소년들이 실질적인 교육 혜택을 받도록 해주어야 한다"고 주장했다.

특히 이들은 "학교 설립은 덴마크처럼 자유롭게 국가 및 기관, 단체, 개인 등 누구나 설립할 수 있어야 한다"고 밝혔다.

또 "설립된 학교가 일정 부분 의무 교육을 홈스쿨링, 대안 교육, 직업교육, 평생교육의 방법으로 시행할 때 국가는 개인에게 바우처로 지급하여 이들 기관이 교육 재원으로 사용토록 해야 한다"고 강조하고 "이를 위해 3백만 국민 서명 운동을 실시하고 입법을 관철할 때까지 연대와 조직을 강화할 것"이라고 밝혔다.

'교육과 학습', 자유학교의 출현으로 승부해야

기독교종합뉴스 박기성 기자(2016.08.07)

교육부는 지난 2013년 4월 자유학기제를 도입 시행할 전국 42개 연구 학교를 발표, 9월부터 시범 시행에 이어, 2014~2015년 말까지는 희망 학교의 신청을 받고 2016년에는 중학교 전체에 전면 도입한다는 내용의 "자유학기제 시범운영 계획"을 발표했다. 이에 따르면 자유학기제 연구 학교 학생들은 중간고사와 기말고사 등 지필 시험을 치르지 않고, 고교 입시에도 자유학기의 성적은 반영되지 않는다. 자율과정은 진로 탐색 활동, 동아리 활동, 예술·체육 활동, 선택 프로그램 활동 등으로 채워진다. 또한 한 학기에 두 차례 이상 종일 체험 활동을 실시하여 학생이 스스로 진로 체험 계획을 세우면 학교가 출석으로 인정하는 자기 주도 진로 체험도 시행된다.

이러한 자유학기제는 박근혜 정부의 핵심 교육 공약으로, 학생들이 중학교 한 학기 동안만이라도 시험 부담 없이 자신의 꿈과 끼를 찾는 진로 탐색 기회를 가져야 한다는 취지에서 마련된 정책이다.

이제 오는 2016년 2학기부터 자유학기제가 전국의 중학교에서 본격적으로 시작된다. 2학기부터 중학교 1학년 학생들은 오전은 교과수업, 오후에는 자유학기 수업을 받게 되는데, 정부의 핵심 공약으로 도입된 제도이지만 여전히 한계와 문제가 남아 있다.

먼저 자유학기제를 운영할 인력 문제이다.

전환 학년제를 실시하는 아일랜드의 경우에 전환학년제 실시를 위해 수업 프로그램을 꾸릴 전담 코디네이터를 학교마다 배치한 것과 다르게 우리나라는 일반 교사나 기존 진로 진학상담 교사가 자유학기제 업무에 관여해야 한다. 현재 교사들에게 또 하나의 과제를 맡기는 것이 되고, 효과적 운영을 기대할 수 없게 만드는 요인이 된다.

또 다른 문제는 사교육 시장의 문제이다.

정부의 핵심 공약이기에 각 학교에 예산도 나왔지만, 문제는 마땅한 자발적 참여 수업 프로그램이 없으며, 이러한 것이 결국은 사교육 시장을 부추기는 결과를 예견할 수 있다. 그래서 학원가에서는 '자유학기제는 학원 학기제'라는 말이 생길 정도이다.

마지막으로 학생들에게는 자유가 없는 자유학기제가 된다는 것이다. 자유학기제가 되면 학생들이 아무런 부담없이 자신의 끼를 발산하고 꿈을 찾아야 하지만, 현실은 그렇지 않다. 빠르면 유치원생부터 조기 교육의 열풍으로 대학 입시를 준비한다. 초등학생들은 선행 학습으로 중학교에 입학하기 전에 중학교 과정의 주요 과목을 전부 이수한 경우도 많다. 그래서 자유학기제에 학부모들은 학생들에게 상급 학년과 상급 학교의 과정에 대한 선행 학습으로 학생들의 자유는 전혀 없다.

　이러한 자유학기제에 관하여 새로운 대안이 제시되어 주목받고 있다. 그것은 '자유학교'이다. 한 사람의 희생과 헌신으로 자유학교를 탄생시킨 결과 새로운 나라를 만들었다.

▲ 덴마크의 아버지라 불리는 그룬트비 목사

유치원부터 대학원까지 수업료가 외국인을 포함해서 모두 무료이다. 성적이 중간 이상만 되면 생활비를 주고, 수학 여행을 외국으로 가면 그 경비도 국가가 부담한다. 의료 보험이 필요 없다. 지방 산골에 있는 병원도 국립병원으로 첨단 의료기기가 구비되어 있으며 전액 무료다. 병원에 돈을 받는 창구가 없다. 심지어 입원환자들이 병원 원무과에 월급을 수령하러 가는 일도 있다.

　1600여 년 전 '프러시아'와의 전쟁에서 패한 덴마크는 옥토를 빼앗기고 전쟁 배상금까지 물어줘 완전히 망한 나라가 되었다. 백성들은 매일 술만 마시며 살았고, 심지어 길바닥에 엎드려 죽는 사람들도 있었다.

그때 '그룬투비 목사'가 세 가지 모토로 국민운동을 일으켰다.

"첫째, 하나님을 사랑하자. 둘째, 이웃을 사랑하자. 셋째, 흙을 사랑하자."

그는 덴마크가 사는 길은 젊은이들에게 바른 생각을 심는 것이라 믿었고, 그 바른 생각을 바른 신앙을 심는 것이라고 믿었다. 일반학교는 학교의 이익을 챙기기에 급급하다는 판단으로 성경을 기본으로 하는 '자유학교운동'을 자신의 집에서 시작했다.

▲ 세계 유명 건축물로 유명한 덴마크 그룬트비 기념 교회

졸업장도 제대로 없는 이 학교에서 3개의 모토를 중심으로 성경을 공부하고, 같이 협력하여 농사를 짓고 공부와 토론을 통하여 조국을 바라보는 마음을 갖게 했다. 결국 이 학교 운동이 덴마크 전역에 퍼져 나라를 바꾸어 놓음으로써 오늘날의 지상 낙원처럼 된 것이다. 1인당 국민소득이 대한민국의 4배를 넘는 덴마크는 98%가 예수님을 믿는 나라가 되었다.

우리나라도 덴마크의 자유학교를 도입할 때가 되었다.

지나친 교육 경쟁으로 청소년들과 청년들은 '꿈'이 무엇인지 그 개념조차 생소한 가치가 형성되어 있다. 오직 꿈은 좋은 대학에 진학하는 것 외에는 없을 정도이다. 이에 '자유학교법 입법청원 운동본부'를 발족하여 다양한 창의적 인재를 요구하는 시대적 요구에 부흥하는

▲ 자유학교법 입법청원 취지를 설명하고 있는 본부장 김재헌 박사

일에 헌신하고자 노력하는 사람들이 있다. 본부장 김재헌 박사는 "저의 남은 사명은 자유학교법의 입법과 학교의 설립이다. 이제 이런 일에 헌신할 사람들을 모아서 대한민국의 교육을 바르게 세워 나아가겠다"는 포부를 밝혔다.

그는 현재 대한민국의 교육을 이렇게 진단하고 있다.

"대한민국은 5천년의 유구한 역사 속에 세계 평화와 공존을 추구해온 거룩한 나라이다. 19세기 이 땅에 처음 세워진 학교와 교육의 힘으로 가장 짧은 시간에 가장 빠른 국부의 성장을 이루어냈지만, 작금에 이르러 교육의 여러 가지 문제점이 드러나고 있다. 더욱이 교육 당국의 획일적인 방침아래 하향평준화 정책에 묶여 미래적 창의적 인재 양성의 중대한 걸림돌이 되고 있다. 공교육을 믿을 수 없는 학부형들은 학교 수업 시간보다 많은 시간을 사교육에 투자하며, 그 규모도 국가 교육 예산의 3분의 1에 육박하는 기형적인 현상을 보이며 경제적 부담도 가중시키고 있다. 이에 학교 교실은 형식적인 교육에 머물며 일부 학생들은 거의 잠자는 곳으로 교실을 인식하고 있다. 그뿐 아니라 35만 명의 학생들이 학교 밖에서 방황하고 있지만, 한 명의 인재도 아쉬운 고령화 시대에 이들은 공교육을 받지 않는다는 이유로 63조 원에 이르는 교육 예산 중 단 한 푼도 지원을 받지 못하고 있다."

그래서 자유학교의 설립을 통하여 "교육의 선진국들처럼 국가 행정 당국의 간섭을 최소화한 채 교육을 위한 교육이 아닌 삶을 가르치는 교육, 내재적 다양성을 개별적으로 교육시키는 교육에 몰두할 수 있는 자유학교가 설립되어야 한다"는 것이다.

현재 우리나라의 교육은 현행 교육법 테두리 안에서는 모든 학교 밖 교육 행위들이 교육법 위반, 대안학교법 위반, 학원법 위반으로 처벌의 대상이 되고 있는 실정이다.

또한 현재 우리나라에 이미 다양한 자유학교가 존재하고 있다. 단순한 위탁 교육 형태부터 다양한 목적과 의미에서의 자유학교들이 혼재하고 있는 실정이다. 이 모든 학교들을 아우를 수 있는 진정한 자유학교법이 입법될 수 있어야 할 것이다.

이러한 자유학교법 청원운동이 대한민국의 미래를 밝히고 글로벌 인재를 양성하는 계기가 될 수 있기를 기대해 본다.

사립유치원을 비리유치원 프레임으로 모는 정부의 속내는

진정한 의미의 교육 민주화는 학부모에게 교육주권을 돌려주는 것

2019년 5월 28일, 10시 30분부터 12시 30분까지 국회도서관 대강당에서 학부모 중심의 차일드케어 지원 정책에 대한 토론회가 많은 학부모와 교육 관계 시민들이 참석한 가운데 성황리에 개최되었다. 이번 토론회는 이언주 의원, 자유민주포럼, 행동하는자유시민 등이 주최, 행동하는자유시민미래교육위원회가 주관하고, 기회평등학부모연대, 생명인권학부모연합, 한국유치원총연합회 국가교육국민감시단 및 외국어교육협의회가 후원했다.

행동하는자유시민 공동대표인 이언주 의원에 의하면, 이번 토론회
에 교육부와 보건복지부 공무원들의 참석을 여러 차례 요청하였으나
관계 공무원들은 거부했다고 한다.

행동하는시민 공동대표인 이병태 교수(카이스트)는 "교육 민주화란
교육의 주권이 학생과 학부모에게 주어진 것이지, 교육부 공무원이
나 교사에게 주권을 주는 것이 아니다"고 하면서, "우리나라 교육자
치와 교육 민주화는 교육 주체인 학부모나 학생을 위한 시스템이 아
니라 국가와 공무원을 위한 시스템이다"고 비판했다.

이병태 교수는 한 기업인과의 대화를 소개하면서 "대한민국에서 6
기통 이상 승용차를 타는 사람 중에 대한민국 공교육에 자녀를 맡기
는 사람이 있는가?"라며 공교육 시스템에 대한 불신이 극에 달하고
있음을 지적했다.

발제자인 김정호 교수(전 연세대 경제학과)는 "우리나라 교육은 학부
모 주권주의가 아니라 공무원 주권주의 체제에 있으며, 학부모 주권
주의를 말하는 사람들은 모두 사기꾼으로 치부된다"고 하면서, "초 ·
중 · 고등학교는 아이들의 잠자리 제공을, 유치원이나 어린이집은 탁
아소로 전락되고 있다. 그리고 학생들의 공부는 학교가 아니라 사립
학원에서 한다"고 주장했다.

이어 "현재 유치원을 비롯한 초 · 중 · 고교에서는 학생의 법적 후
견인인 학부모 주권이 없고, 공무원 주권만 존재하고 있다"하면서
"다행스럽게도 학부모 주권이 존재하는 것은 현 정부와 교육감들이
폐지하고자 하는 자사고밖에 없다"고 했다.

또한 김 교수는 교육비 비교에서 '국공립유치원은 원아 1인당 114만 원의 국민 혈세가 투입된 반면, 사립유치원은 겨우 53만 원이 투입되고 있다'고 하면서 사립유치원을 비리 유치원으로 몰면서 사립유치원 마저 국유화 또는 통제하려는 반민주적 행위를 하고 있다 주장했다.

김 교수는 "아이들이 유치원이나 어린이집 교사로부터 학대 행위를 방지하기 위한 CCTV 설치를 의무화하고 있는데, 경기도내 국공립유치원은 2%만 CCTV를 설치한 반면, 사립유치원은 80%를 설치했다"면서 "경기도내 국공립유치원은 대통령과 교육부 지시를 전면으로 거부하고 있다"고 지적했다.

또한 "자사고는 학생당 연 1,129만 원의 교육비가 투입되나, 일반고는 1,341만 원의 교육비 투입되어 일반고가 자사고보다 220만 원의 교육비가 더 든 현실을 외면한 채, 자사고를 '귀족학교'라 매도하면서 지속적으로 없애려 하는 교육부와 교육청의 정책을 비현실적이고 불공정한 정책이라 했다.

김 교수는 "진정한 민주 교육 시스템을 정립하기 위해서는 교육의 핵심 수요자인 학부모 주권을 제도적으로 확보시켜야 하며, 동시에 학부모의 학교 선택권도 주어야 한다"고 하면서, 현재 어린이집 · 유치원에 지원하는 누리 과정은 전폭적으로 수정하고 교육 선진국에서 실시하는 제도를 적극 벤치마킹한 세 가지 대안을 아래와 같이 제시했다.

첫 번째 대안은 국공립유치원을 학부모주권 대상에 포함, 두 번째 대안은 공·사립 유치원은 물론 공인 학원까지 확대하여 학부모 선택권을 주는 제도 도입, 그리고 세 번째 대안은 유아에게 지원되는 지원금(바우처)의 용처를 묻지 않고 청년수당 등 기타 정부 지원금처럼 학부모가 마음대로 사용케 하는 안을 제시하였다.

첫 번째 토론자로 나온 김정렬 교수(한국교원대)는 국가가 교육기관과 교육 콘텐츠를 통제하고 감시하는 현 정부의 교육 정책을 비판하면서, "다양성을 존중하면서 교육 콘텐츠를 일선 교육기관에 전적으로 일임하는 것이 진정한 의미의 교육 민주화다"고 주장했다.

두 번째 토론자로 나온 김정욱 대표(기회평등학부모연대)는 "교육 서비스는 군대, 경찰, 소방 등과 같은 공공서비스 제품에 속하나 이들과 다르게 글로벌 인재를 양성하는 서비스 제품이기 때문에 보편적 평등주의 방식으로 해결할 수 없다"고 하면서, "현재 76조의 국민 혈세가 투입되는 공교육은 교육 공무원, 교수, 교사 등 기득권층의 놀이터로 변질되었으며, 국가 주도의 공교육 실패로 인해 오히려 국민의 걱정과 사교육비 부담만 늘었다"고 주장했다.

비리 교육기관으로 몬 사립유치원 사태에 대해 김 대표는 "본질은 사립유치원까지 교육부 통제를 강화하려는 것이었으며, 헌법에서 국민에게 보장된 사유 재산인 사립유치원을 국가 재산으로 여기게 되면 사립의 자율성을 잃게 되어 획일적인 교육으로 전락하기 때문에 사실은 학부모들에게 손해가 될 것"이라고 진단하였다.

김 대표는 교육 혁신이란 정부가 교육기관을 통제하지 말고, 시장 기능을 접목시켜 교육기관 간, 교사 간 경쟁하는 시스템으로 만들고 학부모와 학생들이 자신에 맞는 학교를 선택해야 한다고 하면서, "학생들에게 글로벌 경쟁력 있는 교육 콘텐츠를 제공하는 것만이 진정한 의미의 교육 혁신이다"라고 주장했다.

현재 유치원을 운영하고 있는 이주원 원감(도담 유치원)은 "이번 잘못된 사립유치원 사태로 인해 유치원 교사와 원감들이 자존감이 없어지고 교육자로서의 선한 의지(Good will)가 망실되었다"고 하면서 국가가 전체 유치원 교육 수요의 40%만 해결하고, 나머지 60%를 사립유치원에서 감당하는 현실에서 '사립유치원을 비리유치원'으로 낙인시키는 것은 정부가 의도적으로 유아 교육을 포기하겠다는 것을 의마한다고 하였다.

이어 "국가는 유아교육기관에 대한 경쟁심을 촉진시켜 학생들과 학부모가 만족케 하는 교육 콘텐츠를 개발하도록 유도해야 하며, 현재처럼 구체적인 교육 내용까지 매뉴얼로 만들어 교육 현장에서 강제로 이행하도록 하는 시스템은 반민주적이다"라고 주장했다.

마지막 토론자로 나온 민경숙 씨(학부모)는 자기 아이가 다녔던 사립유치원이 비리 유치원으로 언론에서 비난 받았지만 실제로 그 유치원의 원장 선생님과 교사 선생님이 너무 친절하고 좋았던 경험이 생각나 너무 혼란스러웠다고 말하면서, 현재 정부가 마구잡이로 밀어붙이는 양육 수당, 아동 수당, 누리과정 지원금 등 수많은 출산 장려 제도나 지원책들이 솔직히 아이들의 부모로서 전혀 와 닿지 않은 무용한 정책이라고 했다.

이어 (교육부와 보건복지부에 대해) "학생들을 위한 지원금이나

바우처를 가지고 유치원을 보내든 어린이집을 보내든 학원을 보내
든 학부모에게 전적으로 맡기는 것이 어린이들과 학부모들을 위한
올바른 정책이고, 그 효과가 더 클 거다"고 학부모 입장에서 의견을
제시했다.

대안교육진흥법(안)

-김병욱의원 대표발의-

의안번호	8925

발의연월일 2017. 9. 1.

발의자 　　김병욱 · 안민석 · 조승래 · 권미혁 · 박찬대 · 오영훈

　　　　　유승희 · 정성호 · 정춘숙 · 임종성 · 노웅래 의원(11인)

|제안 이유|

- 대안교육은 기존의 제도권 교육의 문제점과 한계를 극복하기 위하여 학습자 중심의 자율적인 교육과정 운영을 통한 전인적인 교육을 의미함.

- 우리나라의 대안교육기관은 1990년대 후반에 처음 등장한 후 다양한 교육적 수요에 부응하여 지속적인 양적 성장을 이루어 가고 있으나, 미인가 시설 등 제도권 밖의 대안교육기관에 대한 국가적 차원의 지원은 미비한 실정임.

- 이에 대안교육의 진흥에 관한 국가 및 지방자치단체의 책무를 규정하며 대안교육기관의 등록제를 운영하고, 등록한 대안교육기관에 대한 지원 근거를 마련함으로써 모든 국민이 능력과

적성에 따라 평등하게 교육받을 권리를 보장하고자 함.

|주요 내용|

가. 국가와 지방자치단체는 대안교육의 진흥을 위하여 필요한 시책을 수립·시행하고 그에 필요한 지원을 하도록 하며, 교육청 상호간의 협력 체계를 구축하도록 함(안 제3조).

나. 대안교육기관을 설립하려는 자는 교육감에게 등록하고, 교육감은 대안교육기관 설립운영위원회의 심의를 거쳐 등록 여부를 결정하도록 함(안 제5조).

다. 대안교육기관의 설립·운영 및 지원 등에 관한 사항을 심의하기 위하여 교육감 소속으로 대안교육기관 설립운영위원회를 두도록 함(안 제9조).

라. 대안교육기관에 재학 중인 「교육기본법」 제8조제1항에 따른 의무교육의 대상자에 대하여는 「초·중등교육법」 제13조에 따른 취학 의무를 유예할 수 있도록 함(안 제10조).

마. 국가와 지방자치단체는 학생의 교육기회 보장과 대안교육기관의 내실있는 운영을 위하여 필요한 경비 등을 지원할 수 있도록 함(안 제11조).

바. 교육부장관이 대안교육기관에 대한 효율적인 지원을 위하여

대안교육기관 지원센터를 설립하거나 대안교육 관련 지원
사업을 하는 연구기관·단체 또는 법인을 대안교육기관 지원
센터로 지정할 수 있도록 함(안 제12조).

사. 교육부장관 또는 교육감이 대안교육기관의 장에게 「진로교
육법」 제12조에 따른 진로체험의 기회를 제공하기 위한 교
육과정 및 「인성교육진흥법」 제2조제1호에 따른 인성교육에
관한 교육과정을 편성하고 운영하게 할 수 있으며, 「초·중등
교육법」에 따른 학교의 장은 교육감의 승인을 받아 교육과정
의 일부를 대안교육기관에 위탁할 수 있도록 함(안 제14조).

아. 대안교육기관 운영의 자율성을 높이고 특성에 맞는 교육을
실시하기 위하여 대안교육기관에 대안교육기관 운영위원회
를 구성·운영하도록 함(안 제15조).

법률 제   호

대안교육진흥법(안)

제1조(목적) 이 법은 「대한민국헌법」에 따른 교육을 받을 권리를 보장하고 「교육기본법」에 따른 교육이념을 바탕으로 대안교육의 진흥에 필요한 사항들을 정함으로써 학생들이 자아를 실현하고 국가와 사회의 발전에 이바지함을 목적으로 한다.

제2조(정의) 이 법에서 사용하는 용어의 뜻은 다음과 같다.

1. "대안교육"이란 개인적 특성과 필요에 맞는 다양한 교육내용 및 교육방법을 통하여 개개인의 소질과 적성 개발을 목적으로 하는 학습자 중심의 교육을 말한다.

2. "대안교육기관"이란 「초·중등교육법」 제4조에 따른 인가를 받지 아니한 기관으로서 이 법 제5조에 따라 설립을 등록하고 대안교육을 실시하는 기관을 말한다.

제3조(국가와 지방자치단체의 책무) ① 국가와 지방자치단체는 대안교육의 진흥을 위하여 필요한 시책을 수립·시행하고, 그에 필요한 지원을 하여야 한다.

② 국가는 대안교육 진흥에 관한 시책을 효율적으로 수행하기

위하여 관계 중앙행정기관, 지방자치단체, 특별시·광역시·특별자치시·도·특별자치도(이하 "시·도"라 한다) 교육청 상호간의 협력 체제를 구축하여야 한다.

제4조(대안교육의 기본방향) ① 대안교육의 다양성, 자율성 및 창의성은 존중되어야 한다.

② 대안교육은 인성교육을 기본으로 제도권 교육의 한계에서 벗어나 학생들이 꿈을 발견하고 진로를 찾아가도록 이루어져야 한다.

제5조(대안교육기관의 등록 등) ① 대안교육기관을 설립·운영하려는 자는 대안교육에 필요한 교사, 교지와 옥외체육장 등 대통령령으로 정하는 시설 및 설비를 갖추어 시·도 교육감(이하 "교육감"이라 한다)에게 등록하여야 한다.

② 제1항에 따른 시설 및 설비는 대통령령이 정하는 바에 따라 임대하는 경우에도 갖춘 것으로 본다.

③ 제1항에 따라 등록한 사항 중 대통령령으로 정하는 중요 사항을 변경하려는 때에는 교육감에게 변경등록을 하여야 한다.

④ 교육감은 제1항에 따른 등록 또는 제3항에 따른 변경등록을 하려면 미리 제9조에 따른 대안교육기관 설립운영위원회의 심의를 거쳐야 한다.

⑤ 대안교육기관은 「초·중등교육법」 제65조제2항에도 불구하고 학교의 명칭을 사용할 수 있다.

⑥ 제1항 및 제3항에 따른 등록 및 변경등록의 절차, 방법 등에 필요한 사항은 대통령령으로 정한다.

제6조(결격사유) 다음 각 호의 어느 하나에 해당하는 자는 대안교육기관을 설립·운영할 수 없다.

1. 피성년후견인 또는 피한정후견인

2. 파산선고를 받고 복권되지 아니한 자

3. 금고 이상의 실형을 선고받고 그 집행이 종료(집행이 종료된 것으로 보는 경우를 포함한다)되거나 집행이 면제된 날부터 5년이 지나지 아니한 자

4. 금고 이상의 형의 집행유예선고를 받고 그 유예기간 중에 있는 자

5. 「성폭력범죄의 처벌 등에 관한 특례법」 제2조에 따른 성폭력범죄 행위로 파면·해임되거나 형 또는 치료감호를 선고받아 확정되고 그 형 또는 치료감호의 전부 또는 일부의 집행을 종료하거나 집행이 유예·면제된 날부터 10년이 지나지 아니한 자

6. 제7조제1항에 따라 등록이 취소된 날부터 3년이 지나지 아

니한 자

제7조(대안교육기관의 등록 취소) ① 교육감은 대안교육기관을 설립·운영하는 자가 다음 각 호의 어느 하나에 해당하는 경우에는 제9조에 따른 대안교육기관 설립운영위원회의 심의를 거쳐 그 등록을 취소할 수 있다. 다만, 제1호에 해당하는 경우에는 등록을 취소하여야 한다.

1. 거짓이나 그 밖의 부정한 방법으로 등록한 경우

2. 제5조제1항에 따른 시설 및 설비 등을 갖추지 못하게 된 경우

3. 제5조제3항에 따른 변경등록을 하지 아니하고 등록사항을 변경한 경우

4. 그 밖에 이 법 또는 이 법에 따른 명령을 위반한 경우

② 제1항에 따른 등록 취소의 절차, 방법 등에 필요한 사항은 대통령령으로 정한다.

제8조(대안교육기관의 폐쇄) ① 대안교육기관을 설립·운영하는 자가 대안교육기관을 폐쇄하려는 때에는 교육감에게 신고하여야 한다.

② 제1항에 따른 폐쇄 신고에 필요한 사항은 대통령령으로 정한다.

제9조(대안교육기관 설립운영위원회) ① 교육감은 대안교육기관의

설립·운영 및 지원 등에 관한 사항을 심의하기 위하여 대안교육기관 설립운영위원회(이하 "위원회"라 한다)를 둔다.

② 위원회는 위원장 1명을 포함한 7명 이상 9명 이내의 위원으로 구성한다.

③ 위원회의 위원은 해당 시·도에 소재한 대안교육기관의 장 및 대안교육 담당 공무원 중에서 교육감이 위촉 또는 임명한다. 이 경우 교육감은 해당 시·도에 소재한 대안교육기관의 장으로 구성된 협의체가 있으면 그 협의체의 추천을 받은 대안교육기관의 장을 위촉하여야 한다.

④ 위원장은 위원 중에서 호선한다.

⑤ 위원회는 다음 각 호의 사항을 심의한다.

1. 대안교육기관의 등록, 변경등록 및 등록 취소에 관한 사항

2. 대안교육기관에 대한 지원에 관한 사항

3. 그 밖에 교육감 또는 위원장이 회의에 부치는 사항

⑥ 위원회의 회의는 위원장이 소집하고, 위원회의 의사는 재적위원 과반수의 출석과 출석위원 과반수의 찬성으로 의결한다.

⑦ 위원회의 위원은 다음 각 호의 어느 하나에 해당하는 사항에 대한 심의에서 제척된다.

1. 위원 또는 그 배우자, 위원과 친족관계에 있는 사람 및 위원

이 속한 법인이 제5조제1항 또는 제3항에 따라 신청한 등록 또는 변경등록에 관한 사항

2. 위원 또는 그 배우자, 위원과 친족관계에 있는 사람 및 위원이 속한 법인이 설립한 대안교육기관의 등록 취소에 관한 사항

⑧ 그 밖에 위원회의 구성 및 운영 등에 필요한 사항은 대통령령으로 정한다.

제10조(취학 의무 유예) ① 대안교육기관에 재학 중인 「교육기본법」 제8조제1항에 따른 의무교육의 대상자에 대하여는 「초·중등교육법」 제13조에 따른 취학 의무를 유예할 수 있다.

② 대안교육기관의 장은 제1항에 따라 취학 의무가 유예된 학생에 대한 인적 사항을 해당 학생이 취학할 예정이거나 취학 중인 학교의 장에게 통보하여야 한다.

제11조(대안교육기관에 대한 지원) ① 국가와 지방자치단체는 학생의 교육기회 보장과 대안교육기관의 내실있는 운영을 위하여 대통령령으로 정하는 바에 따라 필요한 경비를 지원할 수 있다.

② 국가와 지방자치단체는 대안교육기관 학생의 보호자(친권자, 후견인 그 밖에 법률에 따라 학생을 부양할 의무가 있는 자를 말한다)가 부담할 급식비의 전부 또는 일부를 지원할 수 있다.

제12조(대안교육기관 지원센터) ① 교육부장관은 대안교육기관에 대한 효율적인 지원을 위하여 대안교육기관 지원센터(이하 "지원센터"라 한다)를 설립하거나 대안교육 관련 지원 사업을 하는 연구기관·단체 또는 법인을 지원센터로 지정할 수 있다.

② 지원센터는 다음 각 호의 업무를 수행한다.

1. 대안교육 발전을 위한 조사·연구

2. 대안교육 현장 지원

3. 대안교육 전문인력의 양성 및 지원

4. 대안교육기관의 교직원 등에 대한 연수

5. 대안교육기관에 대한 정보 공유

6. 그 밖에 대안교육기관 지원에 필요한 업무

③ 교육부장관은 지원센터에 대하여 업무 수행에 필요한 경비를 예산의 범위에서 지원할 수 있다.

제13조(실태조사) ① 교육부장관은 3년마다 대안교육기관에 대한 실태조사를 실시하고, 이를 대안교육 정책 수립의 기초 자료로 활용하여야 한다.

② 교육부장관은 제1항에 따른 실태조사를 위하여 대안교육기관의 장에게 필요한 자료의 제출을 요청할 수 있다. 이 경우 요청을 받은 대안교육기관의 장은 특별한 사유가 없으면 이에 따

라야 한다.

③ 제1항에 따른 실태조사의 방법과 내용 등에 필요한 사항은 교육부령으로 정한다.

제14조(교육의 위탁 등) ① 교육부장관 또는 교육감은 대안교육기관의 장에게 「진로교육법」 제12조에 따른 진로체험의 기회를 제공하기 위한 교육과정 및 「인성교육진흥법」 제2조제1호에 따른 인성교육에 관한 교육과정을 편성하고 운영하도록 할 수 있다. 이 경우 해당 교육과정의 운영에 필요한 비용은 국가 또는 지방자치단체가 부담한다.

② 「초·중등교육법」 제2조에 따른 학교의 장은 소속 학교 학생의 교육을 위하여 필요하다고 인정하는 때에는 교육감이 적합하다고 인정하는 대안교육기관에 교육과정의 일부를 위탁할 수 있다. 이 경우 해당 교육과정의 운영에 필요한 비용은 위탁기관이 부담한다.

제15조(대안교육기관 운영위원회) ① 대안교육기관 운영의 자율성을 높이고 특성에 맞는 교육을 실시하기 위하여 대안교육기관에 대안교육기관 운영위원회(이하 "운영위원회"라 한다)를 구성·운영하여야 한다.

② 운영위원회는 다음 각 호의 사항을 심의한다.

1. 대안교육기관의 헌장 및 규칙의 제·개정에 관한 사항

2. 대안교육기관의 예산안 및 결산에 관한 사항

3. 대안교육기관 교육과정의 운영 방법에 관한 사항

4. 교과용 도서와 교육자료의 선정에 관한 사항

5. 수업료·입학금 및 운영지원비의 책정·조성·운용 및 사용에 관한 사항

6. 대안교육기관의 운영에 대한 제안 및 건의 사항

7. 그 밖에 대안교육기관의 운영에 관한 사항으로서 대통령령으로 정하는 사항

③ 운영위원회는 대안교육기관의 교원 대표, 학부모 대표 등으로 구성하되, 그 구성 방법 및 위원의 수 등 운영위원회의 구성·운영에 관하여 필요한 사항은 대통령령으로 정한다.

제16조(수업료 등) ① 대안교육기관은 학생에게 수업료·입학금 및 운영지원비(이하 "수업료등"이라 한다)를 받을 수 있다.

② 제1항에 따른 수업료등의 금액 및 납부에 관하여 필요한 사항은 운영위원회의 심의를 거쳐 대안교육기관의 장이 정한다.

③ 대안교육기관의 장은 수업료등의 금액 및 그 반환에 관한 사항을 학생이 보기 쉬운 곳에 게시하여야 한다.

제17조(회계 운용) 대안교육기관의 장은 회계 운용 상황을 학부모

및 교직원에게 공개하여야 한다.

제18조(교원의 자격) ① 대안교육기관의 교원은 대통령령으로 정하는 바에 따라 해당 분야의 학사 이상의 학위를 또는 해당 전문 분야의 경력을 갖추어야 한다.

② 「성폭력범죄의 처벌 등에 관한 특례법」 제2조에 따른 성폭력 범죄 행위로 파면·해임되거나 형 또는 치료 감호를 선고받아 확정되고 그 형 또는 치료 감호의 전부 또는 일부의 집행을 종료하거나 집행이 유예·면제된 날부터 10년이 지나지 아니한 사람은 교원이 될 수 없다.

제19조(시정 명령) 교육감은 대안교육기관이 시설·설비 및 그 밖의 사항에 관하여 관계 법령 또는 해당 대안교육기관의 규칙을 위반한 경우에는 대안교육기관의 장에게 기간을 정하여 그 시정을 명할 수 있다.

제20조(청문) 교육감은 제7조제1항에 따라 대안교육기관의 등록을 취소하고자 하는 경우에는 청문을 실시하여야 한다.

제21조(유사명칭의 사용금지) 이 법에 따른 대안교육기관이 아니면 대안교육기관 또는 이와 유사한 명칭을 사용하여서는 아니 된다.

제22조(권한의 위임) 이 법에 따른 교육감의 권한은 조례 또는 교육

규칙으로 정하는 바에 따라 그 일부를 보조기관, 소속교육기관 또는 하급교육행정기관에 위임할 수 있다.

제23조(과태료) ① 다음 각 호의 어느 하나에 해당하는 자에게는 100만원 이하의 과태료를 부과한다.

1. 제5조제3항에 따른 변경등록을 하지 아니하고 대안교육기관을 운영한 자

2. 제8조에 따른 폐쇄 신고를 하지 아니하고 대안교육기관을 폐쇄한 자

3. 제19조에 따른 시정 명령을 위반한 자

② 제1항에 따른 과태료는 대통령령으로 정하는 바에 따라 교육감이 부과·징수한다.

부   칙

제1조(시행일) 이 법은 공포 후 6개월이 경과한 날부터 시행한다.

제2조(최초로 구성되는 위원회에 관한 특례) 이 법 시행 후 최초로 구성되는 위원회의 위원은 대안교육기관을 설립하여 5년 이상 운영한 경력이 있는 자로서 위촉 당시 대안교육기관을 운영하고 있는 자 중에서 위촉한다.

자유학교법(안)
-000의원 대표발의-

의안번호	

발의연월일 2018. . .
발의자

|제안 이유|

- 자유교육은 기존의 제도권 교육과 대안교육의 문제점과 한계
를 극복하며 (1)학교설립의 자유와 (2)학교선택의 자유, (3)학
습방법 선택의 자유를 통한 (4)자유로운 교육과정 운영을 위
한 미래적, 전인적인 교육을 실시함을 의미함.

- 우리나라의 공공교육은 1900년대 초기부터 대안교육은 1990
년대 후반부터 처음 등장한 후 다양한 교육적 수요에 부응하여
지속적인 양적 성장을 이루어가고 있다. 하지만 여전히 시대가
원하고 국가가 원하는 교육은 미흡한 점이 있다.

- 이에 공공교육과 대안교육의 한계를 극복하고 더 나은 자유로
운 교육의 발전을 위한 자유학교법을 발의함에 따라 이 법이

시행될 때에 관한, 국가 및 지방자치단체의 책무를 규정하며 자유교육을 실시하는 기관의 주체와 한계를 결정하고 자유교육법에 의한 자유학교 기관에 대한 지원 근거를 마련함으로써 모든 국민에게 보장된 교육의 권리를 받게 하며 자신의 능력과 적성에 따라 평등하게 교육받을 권리를 보장하고자 함.

|주요 내용|

가. 국가와 지방자치단체는 자유교육의 진흥을 위하여 필요한 시책을 수립·시행하고 그에 필요한 지원을 하도록 하며, 국가 교육기관은 이를 적극적으로 옹호하고 지원하도록 함(안 제3조).

나. 자유교육기관을 설립하려는 자는 교육감에게 신고하고, 교육감은 자유교육기관 설립운영위원회를 통하여 등록 여부를 결정하며 이를 유지 보수하도록 함(안 제5조).

다. 자유교육기관의 설립·운영 및 지원 등에 관한 사항을 심의하기 위하여 지역 자유교육기관을 설하고 이를 자율적으로 운영하도록 함(안 제9조).

라. 자유교육기관에 재학 중인 「교육기본법」 제8조 제1항에 따른 의무교육의 대상자에 대하여는 「초·중등교육법」 제13조

에 따른 취학 의무를 유예할 뿐 아니라 자유교육기관의 해당 교육을 필한 자는 학력을 인정할 수 있도록 함(안 제10조).

마. 국가와 지방자치단체는 학생의 교육기회 보장과 자유교육기 관의 내실 있는 운영을 위하여 필요한 경비를 해당연도 교육 관련 세금을 1인당 나눈 금액을 바우처 형태로 지원할 수 있 도록 함(안 제11조).

바. 교육부장관이 자유교육기관에 대한 효율적인 지원을 위하여 자유교육기관 지원센터를 설립하거나 자유교육 관련 지원 사업을 하는 연구기관·단체 또는 법인을 자유교육기관 지원 센터로 지정할 수 있도록 함(안 제12조).

법률 제   호

자유교육진흥법(안)

제1조(목적) 이 법은 「대한민국헌법」이 보장하고 있는 교육을 받을 권리를 보장하고 「교육기본법」을 따른 교육이념을 실현함에 있어 자유로운 학교설립과 자유로운 학교선택과 자유로운 학습방법 선택의 진흥에 필요한 사항들을 정함으로써 다양한 교육방법을 권장하고 미래 사회 필요한 인재들을 양성하여 나아가 학생들 개개인의 자유로운 교육선택권을 보장함에 있다.

제2조(정의) 이 법에서 사용하는 용어의 뜻은 다음과 같다.

1. "자유교육"이란 개인적 특성과 필요에 맞는 자유로운 학교설립, 다양한 학교선택, 또한 다양한 교육내용 및 교육방법을 통하여 개개인의 소질과 적성 개발을 목적으로 하는 학습자 중심의 교육을 말한다.

2. "자유교육기관"이란 「초·중등교육법」 제4조에 따른 인가를 받지 아니한 기관으로서 이 법 제5조에 따라 설립을 등록하고 자유교육을 실시하는 기관을 말한다.

제3조(국가와 지방자치단체의 책무) ① 국가와 지방자치단체는 자유

교육의 진흥을 위하여 필요한 시책을 수립·시행하고, 그에 필요한 지원을 하여야 한다.

② 국가는 자유교육 진흥에 관한 시책을 효율적으로 수행하기 위하여 관계 중앙행정기관, 지방자치단체, 특별시·광역시·특별자치시·도·특별자치도(이하 "시·도"라 한다) 교육청은 자유학교법이 추구하고 있는 방향에 맞도록 적극 지원하는 체제를 구축하여야 한다.

제4조(자유교육의 기본방향) ① 자유교육의 자유성, 다양성 및 창의성은 존중되어야 한다.

② 자유교육은 미래 인재 양성을 목표로 함으로 기존의 수업체계를 크게 벗어나지 않는 한, 다양한 교육과정을 인정하고, 또한 인성교육을 기본으로 교육하도록 유도한다.

제5조(자유교육기관의 등록 등) ① 자유교육기관을 설립·운영하려는 자는 자유교육에 필요한 교사, 교지와 옥외체육장 등 대통령령으로 정하는 시설 및 설비를 갖추어 시·도 교육감(이하 "교육감"이라 한다)에게 등록하여야 한다.

② 제1항에 따른 시설 및 설비는 대통령령이 정하는 바에 따라 임대하는 경우에도 갖춘 것으로 본다.

③ 제1항에 따라 등록한 사항 중 대통령령으로 정하는 중요 사

항을 변경하려는 때에는 교육감에게 변경등록을 하여야 한다.

④ 교육감은 제1항에 따른 등록 또는 제3항에 따른 변경등록을 하려면 미리 제9조에 따른 자유교육기관 설립운영위원회에 신고 하여야 한다.

⑤ 자유교육기관은 「초·중등교육법」 제65조제2항에도 불구하고 학교의 명칭을 사용할 수 있다.

⑥ 제1항 및 제3항에 따른 등록 및 변경등록의 절차, 방법 등에 필요한 사항은 대통령령으로 정한다.

제6조(결격사유) 다음 각 호의 어느 하나에 해당하는 자는 자유교육기관을 설립·운영할 수 없다.

1. 피성년후견인 또는 피한정후견인

2. 파산선고를 받고 복권되지 아니한 자

3. 금고 이상의 실형을 선고받고 그 집행이 종료(집행이 종료된 것으로 보는 경우를 포함한다)되거나 집행이 면제된 날부터 5년이 지나지 아니한 자

4. 금고 이상의 형의 집행유예선고를 받고 그 유예기간 중에 있는 자

5. 「성폭력범죄의 처벌 등에 관한 특례법」 제2조에 따른 성폭력범죄 행위로 파면·해임되거나 형 또는 치료감호를 선고받

아 확정되고 그 형 또는 치료감호의 전부 또는 일부의 집행
을 종료하거나 집행이 유예·면제된 날부터 10년이 지나지
아니한 자

6. 제7조제1항에 따라 등록이 취소된 날부터 3년이 지나지 아
니한 자

제7조(자유교육기관의 등록 취소) ① 교육감은 자유교육기관을 설
립·운영하는 자가 다음 각 호의 어느 하나에 해당하는 경우에
는 제9조에 따른 자유교육기관 설립운영위원회의 심의를 거쳐
그 등록을 취소할 수 있다. 다만, 제1호에 해당하는 경우에는
등록을 취소하여야 한다.

1. 거짓이나 그 밖의 부정한 방법으로 등록한 경우

2. 제5조제1항에 따른 시설 및 설비 등을 갖추지 못하게 된 경우

3. 제5조제3항에 따른 변경등록을 하지 아니하고 등록사항을
변경한 경우

4. 그 밖에 이 법 또는 이 법에 따른 명령을 위반한 경우

② 제1항에 따른 등록 취소의 절차, 방법 등에 필요한 사항은
대통령령으로 정한다.

제8조(자유교육기관의 폐쇄) ① 자유교육기관을 설립·운영하는 자
가 자유교육기관을 폐쇄하려는 때에는 교육감에게 신고하여

야 한다.

② 제1항에 따른 폐쇄 신고에 필요한 사항은 대통령령으로 정한다.

제9조(자유교육기관 설립운영위원회) ① 교육감은 자유교육기관의 설립·운영 및 지원 등에 관한 사항을 심의하기 위하여 자유교육기관 설립운영위원회(이하 "위원회"라 한다)를 둔다.

② 위원회는 위원장 1명을 포함한 7명 이상 9명 이내의 위원으로 구성한다.

③ 위원회의 위원은 해당 시·도에 소재한 자유교육기관의 장 및 자유교육 담당 공무원 중에서 교육감이 위촉 또는 임명한다. 이 경우 교육감은 해당 시·도에 소재한 자유교육기관의 장으로 구성된 협의체가 있으면 그 협의체의 추천을 받은 자유교육기관의 장을 위촉하여야 한다.

④ 위원장은 위원 중에서 호선한다.

⑤ 위원회는 다음 각 호의 사항을 심의한다.

1. 자유교육기관의 등록, 변경등록 및 등록 취소에 관한 사항

2. 자유교육기관에 대한 지원에 관한 사항

3. 그 밖에 교육감 또는 위원장이 회의에 부치는 사항

⑥ 위원회의 회의는 위원장이 소집하고, 위원회의 의사는 재적

위원 과반수의 출석과 출석위원 과반수의 찬성으로 의결한다.

⑦ 위원회의 위원은 다음 각 호의 어느 하나에 해당하는 사항에 대한 심의에서 제척된다.

1. 위원 또는 그 배우자, 위원과 친족관계에 있는 사람 및 위원이 속한 법인이 제5조제1항 또는 제3항에 따라 신청한 등록 또는 변경등록에 관한 사항

2. 위원 또는 그 배우자, 위원과 친족관계에 있는 사람 및 위원이 속한 법인이 설립한 자유교육기관의 등록 취소에 관한 사항

⑧ 그 밖에 위원회의 구성 및 운영 등에 필요한 사항은 대통령령으로 정한다.

제10조(취학 의무 유예) ① 자유교육기관에 재학 중인 「교육기본법」 제8조제1항에 따른 의무교육의 대상자에 대하여는 「초·중등교육법」 제13조에 따른 취학 의무를 유예할 수 있다.

② 자유교육기관의 장은 제1항에 따라 취학 의무가 유예된 학생에 대한 인적 사항을 잘 관리하여 해당 교과과정을 마치고 정한 심사과정을 통과했을 경우 학력을 인정하며 학교장 명의의 졸업장을 수여 한다. 이럴 경우 따로 검정고시를 치지 않아도 해당 학력을 취득한 것으로 본다.

제11조(자유교육기관에 대한 지원) ① 국가와 지방자치단체는 학생

의 교육기회 보장과 자유교육기관의 내실 있는 운영을 위하여 대통령령으로 정하는 바에 따라 필요한 경비를 지원한다. 그 액수는 전년도 교육세와 교육관련세 수입을 학생들의 수로 수로 나눈 부분을 자유학교에 재학중인 학생들에게 지급한다.

② 국가와 지방자치단체는 자유교육기관 학생의 보호자(친권자, 후견인 그 밖에 법률에 따라 학생을 부양할 의무가 있는 자를 말한다)가 부담할 급식비의 전부 또는 일부를 지원하여야 한다.

제12조(자유교육기관 지원센터) ① 교육부장관은 자유교육기관에 대한 효율적인 지원을 위하여 자유교육기관 지원센터(이하 "지원센터"라 한다)를 설립하거나 자유교육 관련 지원 사업을 하는 연구기관·단체 또는 법인을 지원센터로 지정할 수 있다.

② 지원센터는 다음 각 호의 업무를 수행한다.

1. 자유교육 발전을 위한 조사·연구

2. 자유교육 현장 지원

3. 자유교육 전문인력의 양성 및 지원

4. 자유교육기관의 교직원 등에 대한 연수

5. 자유교육기관에 대한 정보 공유

6. 그 밖에 자유교육기관 지원에 필요한 업무

③ 교육부장관은 지원센터에 대하여 업무 수행에 필요한 경비를 예산의 범위에서 지원할 수 있다.

제13조(실태조사) ① 교육부장관은 3년마다 자유교육기관에 대한 실태조사를 실시하고, 이를 자유교육 정책 수립의 기초 자료로 활용하여야 한다.

② 교육부장관은 제1항에 따른 실태조사를 위하여 자유교육기관의 장에게 필요한 자료의 제출을 요청할 수 있다. 이 경우 요청을 받은 자유교육기관의 장은 특별한 사유가 없으면 이에 따라야 한다.

③ 제1항에 따른 실태조사의 방법과 내용 등에 필요한 사항은 교육부령으로 정한다.

제14조(자유교육기관 운영위원회) ① 자유교육기관 운영의 자율성을 높이고 특성에 맞는 교육을 실시하기 위하여 자유교육기관에 자유교육기관 운영위원회(이하 "운영위원회"라 한다)를 구성·운영하여야 한다.

② 운영위원회는 다음 각 호의 사항을 심의한다.

1. 자유교육기관의 헌장 및 규칙의 제·개정에 관한 사항

2. 자유교육기관의 예산안 및 결산에 관한 사항

3. 자유교육기관 교육과정의 운영 방법에 관한 사항

4. 교과용 도서와 교육자료의 선정에 관한 사항

5. 수업료·입학금 및 운영지원비의 책정·조성·운용 및 사용에 관한 사항

6. 자유교육기관의 운영에 대한 제안 및 건의 사항

7. 그 밖에 자유교육기관의 운영에 관한 사항으로서 대통령령으로 정하는 사항

③ 운영위원회는 자유교육기관의 교원 대표, 학부모 대표 등으로 구성하되, 그 구성 방법 및 위원의 수 등 운영위원회의 구성·운영에 관하여 필요한 사항은 대통령령으로 정한다.

제15조(수업료등) ① 자유교육기관은 학생에게 수업료·입학금 및 운영지원비(이하 "수업료 등"이라 한다)를 받을 수 있다.

② 제1항에 따른 수업료 등의 금액 및 납부에 관하여 필요한 사항은 운영위원회의 심의를 거쳐 자유교육기관의 장이 정한다.

③ 자유교육기관의 장은 수업료등 의 금액 및 그 반환에 관한 사항을 학생이 보기 쉬운 곳에 게시하여야 한다.

제16조(회계 운용) 자유교육기관의 장은 회계 운용 상황을 학부모 및 교직원에게 공개하여야 한다.

제17조(교원의 자격) ① 자유교육기관의 교원은 대통령령으로 정하는 바에 따라 해당 분야의 학사 이상의 학위를 또는 해당 전문

분야의 경력을 갖추어야 한다.

② 「성폭력범죄의 처벌 등에 관한 특례법」 제2조에 따른 성폭력 범죄 행위로 파면·해임되거나 형 또는 치료 감호를 선고받아 확정되고 그 형 또는 치료 감호의 전부 또는 일부의 집행을 종료하거나 집행이 유예·면제된 날부터 10년이 지나지 아니한 사람은 교원이 될 수 없다.

제18조(시정 명령) 교육감은 자유교육기관이 시설·설비 및 그 밖의 사항에 관하여 관계 법령 또는 해당 자유교육기관의 규칙을 위반한 경우에는 자유교육기관의 장에게 기간을 정하여 그 시정을 명할 수 있다.

제19조(청문) 교육감은 제7조제1항에 따라 자유교육기관의 등록을 취소하고자 하는 경우에는 청문을 실시하여야 한다.

제20조(권한의 위임) 이 법에 따른 교육감의 권한은 조례 또는 교육규칙으로 정하는 바에 따라 그 일부를 보조기관, 소속교육기관 또는 하급교육행정기관에 위임할 수 있다.

제21조(과태료) ① 다음 각 호의 어느 하나에 해당하는 자에게는 100만 원 이하의 과태료를 부과한다.

1. 제5조제3항에 따른 변경등록을 하지 아니하고 자유교육기관을 운영한 자

2. 제8조에 따른 폐쇄 신고를 하지 아니하고 자유교육기관을
   폐쇄한 자

3. 제19조에 따른 시정 명령을 위반한 자

② 제1항에 따른 과태료는 대통령령으로 정하는 바에 따라 교
육감이 부과·징수한다.

부   칙

제1조(시행일) 이 법은 공포 후 6개월이 경과한 날부터 시행한다.

제2조(최초로 구성되는 위원회에 관한 특례) 이 법 시행 후 최초로 구
   성되는 위원회의 위원은 자유교육기관을 설립하여 5년 이상 운
   영한 경력이 있는 자로서 위촉 당시 자유교육기관을 운영하고
   있는 자 중에서 위촉한다.

나가는 말

체코슬로바키아의 교육자이자 종교 개혁가인 코메니우스의 말
이 생각난다. 풀이하면 이렇다. "세계가 전 인류를 위한 학교이듯
이 한 사람의 생애는 우리 모두를 위한 학교이다. 학습이 삶의 전부
이고, 삶의 전부가 학습인 사회이다. 세상이 학교이다. 모든 사람은
학교를 갖고 있는 동시에 다른 사람들의 학교로 존재한다."

대한민국은 교육 강국이다. 자타가 공인한다. 그런데 과유불급
이라고 교육 강국이 이젠 교육 망국이 되어버렸다. 교육 예산은 넘
쳐나는데, 결과는 날이 갈수록 신통치 않다. 말은 무성하지만 성과
는 없다. 엎친데 덮친격으로 교육 과잉 시대인 탓에 지레 겁먹은 출
산 세대들은 결혼을 포기하든지 출산을 포기해 버린다. 불확실성의
시대에 모험을 하고 싶지 않은 것이다.

이 모든 현상을 누가 만들었는가. 한 치 앞도 내다볼 줄 모르는 사이비 정치인들과 교육 전문가들이 만들었다. 문제가 발생할 땐 원점으로 돌아가서 재편해야 한다. 미봉책으로는 무너져가는 둑을 막을 수 없다. 일단 물길을 돌려놓고 둑을 무너뜨린 다음 다시 건설해야 한다.

교육이 무엇인가에 대한 철학적 논의를 한 다음 방법론을 다양하게 제시할 수 있어야 자유민주주의 국가이다. 이를 위해 시급한 조치는 20년 뒤를 내다보고 자육학기제와 자유학년제라는 미봉책을 뛰어넘는 자율학교법을 통과시켜야 한다.

한국의 교육은 학교가 아닌 학원이 책임지고 있다. 이를 바로 잡으려면 학원들이 학교화하도록 만들어주어야 한다. 얼마나 잘 가르치는 학원 선생님들이 많은가. 학부모들조차도 학교 공부로는 아이들을 제대로 가르칠 수 없다는 것을 안다. 그럴바엔 교육부 예산 중 학비 부분을 학생들에게 되돌려주자. 그렇게만 해도 숨통이 트일 것이다. 그리고 대학생이 되면 능력에 따라 자유롭게 연구하도록 도와주고 연구비를 지원하는 방식으로 등록금을 지원하자. 그러면 창의력이 지금보단 수백 배 증가할 것이다. 그 창의력 속에 국가의 미래와 부가 창출된다.

　자유학교법이 통과되어 학교 선택의 자유, 학습 방법의 자유, 교과의 자유가 실현되어지도록 기도한다. 아니 이제는 기도를 넘어서 실현시킬 때까지 쉬지 않기를 원한다. 그리고 뜻있는 동지들이 모이기를 기도한다.

　주여! 이 나라를 축복하여 주옵소서.

2023년 11월

세종시 기도실에서